图书馆里的巾帼典范

——海外图书馆知名女性理解的阅读与人生

Famous Overseas Women Librarians

张蔚然/编著

海洋出版社

2023年·北京

内容简介

纵观世界图书馆的发展史，有很多优秀的女性与图书、图书馆结缘。她们克服自身和时代的局限，积极探索、努力奋斗，在图书馆发展史上留下一笔笔浓墨重彩。虽然她们的境遇各有不同，但是她们身上散发出满满的正能量，值得我们开启尘封的记忆去走近、去了解、去学习、去体会。本书以当先锋、定标准、求创新、做"斜杠"、树榜样为分主题，选取了40余位图书馆领域的杰出女性，详细介绍了她们如何持续精进、实现自我的心路历程。

图书在版编目（CIP）数据

图书馆里的巾帼典范：海外图书馆知名女性理解的阅读与人生/张蔚然编著.—北京：海洋出版社，2023.6

（二十一世纪图书馆学丛书/丘东江主编.第五辑）
ISBN 978-7-5210-0514-1

Ⅰ.①图… Ⅱ.①张… Ⅲ.①女性-图书馆员-生平事迹-世界 Ⅳ.①K815.41

中国版本图书馆CIP数据核字（2020）第011426号

丛书策划：高显刚

责任编辑：杨　明

责任印制：安　淼

海洋出版社　出版发行

http：//www.oceanpress.com.cn

北京市海淀区大慧寺路8号　邮编：100081

鸿博昊天科技有限公司印刷　　新华书店发行所经销

2023年6月第1版　2023年6月北京第1次印刷

开本：787mm×1092mm　1/16　印张：11

字数：136千字　定价：66.00元

发行部：010-62100090　总编室：010-62100034

海洋版图书印、装错误可随时退换

主编弁言

"二十一世纪图书馆学丛书"第一、二、三、四辑出版以来，受到图书馆工作者的欢迎。因为其主要特点是选题务实、信息新颖、内容丰富、注重图书馆实践和结合图书馆工作实际。

现在，该丛书第五辑出版的 13 个选题，是从 60 多个应征稿件中仔细挑选出来的。这些选题力求题材独特、知识丰富、立意新颖和可读性强。

"二十一世纪图书馆学丛书"第五辑涵盖面比前四辑更为广泛，包括《特色资源元数据设计与应用》《高校图书馆研究影响力评价服务实务》《图书馆传播理论与实践》《海上图林——海派图书馆事业的萌芽与发展》《专题馆，图书馆深化服务的探索》《不独芸编千万卷——图书馆讲座实务》《信息技术在图书馆的应用》《新时期上海图书馆文献编目工作实践》《连续出版物机读目录的编制》《图书馆世家的读书种子——沈宝环之生平、著述与贡献》《两个世界图书馆合作组织知多少》《图书馆，不仅是藏书楼》《图书馆里的巾帼典范——海外图书馆知名女性理解的阅读与人生》。

  我想上述选题内容，图书馆馆员会有兴趣阅读；相信这些务实的专业论著的出版，对图书馆现时的工作有所裨益、对图书馆馆员知识水平的提高有所帮助。

丘东江
2019 年 7 月于北京东升科技园

目录 Contents

001 当先锋

- 001 从图书馆员到第一夫人,低调做人高调做事(一)
- 004 从图书馆员到第一夫人,低调做人高调做事(二)
- 009 从图书馆员到政治家夫人,踏踏实实做事
- 011 不惑之年,异国拓荒,激流勇进
- 014 64岁成为世界上最大的图书馆的掌门人,海登的人生才刚刚开始
- 020 图书也能治病?"书目疗法"告诉你
- 023 哪有天生幸运,只是越努力越幸运
- 026 此"追星"非彼"追星"
- 030 成才之路,一场自我摸索的未知旅途(一)
- 035 成才之路,一场自我摸索的未知旅途(二)
- 038 从"不得民心"到众望所归,一条逆袭之路

043 定标准

043	开福特车,共享图书的新女性
046	改变,从我做起
049	百年前的意见领袖是怎么炼成的
053	被辞退,受指责的富二代,开启艰难模式是为了什么?
058	奖项背后的故事(一)
061	奖项背后的故事(二)
064	陪孩子读书的技能,你真的掌握了吗?(一)
068	陪孩子读书的技能,你真的掌握了吗?(二)
070	"一章"定生死的质检员

074 求创新

074	这位"网红"有点酷
078	除了"世界小姐",还有"公共图书馆小姐"
081	创业,你心动了吗?祖母辈的成功创业者了解一下(一)
084	创业,你心动了吗?祖母辈的成功创业者了解一下(二)
088	时光没有辜负在知天命的年纪重新出发的人
091	不当图书馆员的教师,不是好作家

097 做"斜杠"

097	一位图书馆员的"斜杠"之旅
100	"小黑鸟"变凤凰,农场姑娘的逆袭人生
103	不想当演员的图书馆员,不是好作家
106	"扫地僧"一般的存在,是一种什么样的体验?(一)

110	"扫地僧"一般的存在,是一种什么样的体验?(二)
111	"扫地僧"一般的存在,是一种什么样的体验?(三)
114	工作到生命最后一刻的人,究竟是如何度过一生的
118	一生编纂一本书,慢慢来比较快

121 树榜样

121	原来你是这样的"偷书贼"
124	从0到1的突破,是怎么实现的?
127	驰骋职场50载,没有"996"是怎么成功的?
131	想做"智识分子",来看她是怎样捍卫"智识自由"的
134	懂管理,善筹款,这位校长不简单
138	霸道总裁般的职场女士是一种怎样的存在?
142	三人行必有我师,铭记你我身边的老师

147 参考文献

当先锋

谁是先锋？当号角吹响，那些冲在最前面的人。那些既能仰望星空，又能脚踏实地的人。那些拥有热血沸腾的经历和值得传颂的记忆的人。

娜杰日达·康斯坦丁诺夫娜·克鲁普斯卡娅
（Надежда Константиновна Крупуская）（1869—1939）

从图书馆员到第一夫人，低调做人高调做事（一）

2018年11月，美国前第一夫人米歇尔·奥巴马的自传《成为》（*Becoming*）一经问世，就荣登各大图书排行榜。上市一个月，全球狂销500万册[1]。从普通的芝加哥女孩到贝拉克·侯赛因·奥巴马的上司，米歇尔通过分享自己的经历，激励读者找到勇气去做他们渴望做的人。她的丈夫美国前总统奥巴马评价说："米歇尔不仅是我的妻子，我孩子的母亲，更是我的朋友。走上这条路（指成为第一夫人）并非她的本意，但她仍活出了自我，优雅而有决断，将这个角色扮演得恰如其分。"其实，图书馆界也有不少熠熠发光的女性，即使伴侣位高权重而自己也倍受关注，依然遵循内心，成长为自己渴望成为的样子。

让我们一起来认识娜杰日达·康斯坦丁诺夫娜·克鲁普斯卡娅、劳拉·布什吧。

列宁的夫人娜杰日达·康斯坦丁诺夫娜·克鲁普斯卡娅，是苏联杰出的教育家、无产阶级政治活动家。她是列宁的亲密战友，一生致力于研究马克思主义的教育科学。作为苏联第一位教育科学博士学位获得者，她为苏联教育事业做出了突出贡献。不为人知的是，克鲁普斯卡娅还是苏联图书馆事业的先驱。苏联为纪念她设置了"克鲁普斯卡娅奖章"，以表彰优秀的教师和图书馆员。她在图书馆领域的很多观点和举措，时至今日仍值得后辈们学习借鉴。

1869年2月26日，克鲁普斯卡娅出生在俄国彼得堡一个同情革命的破产贵族知识分子家庭。父亲曾是军官，后被革职。母亲婚前是小学教师。中学毕业后，1890年，克鲁普斯卡娅进入彼得堡女子高等学校学习。1891—1896年，她任彼得堡工人星期日夜校教师。1894年2月底与列宁相识，并参加了马克思主义小组和工人运动[2]。

一、注重理论和规范

克鲁普斯卡娅参与了苏联有关图书馆的法规的制订工作，比如《关于苏联图书馆事业集中化的法案》（1920）和《关于苏联图书馆事业的决议》（1934）等。她笔耕不辍，撰写了上百篇以图书馆、出版、书目和终身教育等为主题的文章。为宣传图书馆的重要性，提高图书馆的社会地位和民众对图书馆的重视，她编撰了《列宁论图书馆》。为倡导图书馆网络的建立，她撰写了《图书财富的传播》，并提出"要建立一个统一的，为每一位需要阅读的人全面服务的图书馆网"。她在《关于农村图书馆员的工作》一文中,强调应吸引不同职业背景的人都来参与图书馆工作的必要性[3]。

此外,在她的倡议下,与图书馆工作、书目和阅读有关的期刊陆续问世,如《红色图书馆员》《阅读指南》《新书通报》等。

二、积极发动社会力量

克鲁普斯卡娅认为图书馆事业的发展,仅仅依靠图书馆员是不够的,完全依靠图书馆管理局也难以完成任务,需要的是整个苏联社会的支持。于是,她号召广大群众和所有的社会组织都积极地参加到图书馆建设中。1929—1931 年,克鲁普斯卡娅在全苏范围内发起了振兴图书馆事业的运动,收效显著。图书馆增加到 11 万多座,藏书量近 3 亿册。

三、重视儿童教育与阅读

克鲁普斯卡娅非常重视儿童图书馆事业发展。1933 年 11 月,在全苏儿童图书馆工作会议上,她指出,发展儿童图书馆事业"不完全是学校的事,不只是教师或者图书馆员的事情,这是社会各阶层的事。要使全体人员和全国上下都来关心图书馆事业,关心儿童图书馆事业,并将这项事业推向必要的高度"。

儿童读物的选择很重要。克鲁普斯卡娅强调"儿童阅读在孩子生活中起着重大的作用。童年读的书几乎可以记一辈子,影响孩子的进一步发展"。读什么呢?读课外书。"请你比较一下读书很多的儿童和除了教科书以外不读课外书的儿童的学习成绩,你会看到他们在学识方面会有巨大的差异。读书很多的儿童,他们会独立地学习,会找重点、对于感兴趣的问题,会从书本中找到答案……"她提倡学生从小就养成多读课外书的习惯——不仅可以增加科学文化知识,而且可以开阔视野、陶冶情操[4]。

作为一位教育家，克鲁普斯卡娅总结了一套读书治学的经验，称为"读书四步骤"[5]。第一，知晓并掌握所读的材料。每读一本书，都需认真阅读，以求达到吃透观点、把握内容、熟悉材料的目标；第二，认真思考。对书中的思想内容，观点材料进行反复的思考推敲，绝不敷衍了事，一看而过；第三，做必要的摘录。对书中重要的观点和材料选择其精要进行摘录，不动笔墨不读书；第四，总结从这本书中学到的新东西。是否学到了新知识，是否掌握了新的观察方法、工作方法和学习方法，是否激发了某种特殊的情绪和愿望[6]。

劳拉·布什（Laura Bush）（1946—）

从图书馆员到第一夫人，低调做人高调做事（二）

2018年6月17日，美国《华盛顿邮报》上刊登的一篇文章对特朗普政府的"边境零容忍"政策提出了批评。文章称"将儿童与父母分离这样的事情令其心碎，这样做是残忍而不道德的"，号召"在政府不同级别工作的人们"一起修正这个错误。此外，作者还讲述了已逝的前第一夫人芭芭拉·布什的一段往事。芭芭拉的女儿罗宾在3岁时因白血病去世。因此，芭芭拉深知失去孩子意味着什么，她坚信，每一个孩子都应该得到人类的善意、激情和爱心。文章的作者是美国民众所熟知的前第一夫人劳拉·布什。

这位前第一夫人，与美国历史上其他的第一夫人相比，似乎并不出众——她既没有希拉里·克林顿那样的政治抱负，竞选参议员、出任国务卿、参加总统大选；也没有奥巴马·米歇尔耀眼的职业履历（奥巴马曾经是米歇尔手下的实习生）。然而，2014年的一项民意调查结果显示，她却是过去25年的历任第一夫人中，排名第四但最受欢迎的第一夫人，前面三位分别是希拉里·克林顿、芭芭拉·布什、米歇尔·奥巴马[7]。她就是曾经当过图书馆员的前第一夫人——劳拉·布什。她为什么能如此受欢迎呢？

一、爱读书，有主见

劳拉·布什，全名劳拉·威尔士·布什（Laura Wales Bush），1946年11月4日出生于美国得克萨斯州米德兰市[8]。劳拉的父亲哈罗德·维尔奇是一名房屋建造师，后成为一名成功的房地产开发商。母亲珍娜·霍金斯酷爱阅读，在照顾家人、料理家务之余，还对书籍管理表现出极大兴趣。劳拉是家中独女。当回忆起儿时的日子，劳拉谈到母亲常常讲故事给她听，这使她爱上了阅读，也爱去图书馆。暑假里，小劳拉喜欢整个下午都泡在图书馆里。当时她最喜欢的书是《草原上的小屋》（*Little House on the Prairie*）和《小妇人》（*Little Women*）。

劳拉毕业于南卫理公会大学的教育学专业，获得教育学士学位，曾任教于得克萨斯州的多个城市。随后，她取得了奥斯汀得克萨斯大学图书馆学的硕士学位。毕业后，劳拉曾在几所公立学校教阅读课，在休斯敦一所学校担任图书馆员[9]。这段看似平淡的经历中，劳拉做了一个如今看来都颇有个性的决定——在工作后，重返校园读研究生。劳拉在自传《心声》（*Spoken From the Heart*）中回忆道，当了教师后，她身边的大部分朋友都已结婚生子。她自己在畅想未来的生活时，还想要多读点书，因为喜欢读书。于是，大龄单身女青年劳拉重返校园，并选择了学习图书馆学。虽然当时并没有"剩女"一说，但她能坚持自己的想法，做出与身边朋友完全不同的抉择，足以看出她很有主见。

　　1977年，31岁的劳拉结识布什并结婚。后来，同事们回忆说，当时劳拉把自己的生活安排得很好，似乎并不着急找男朋友。而布什也确实是劳拉的朋友三番五次地介绍后才与她结识的。看来，"爱笑的女孩，运气总不会太差"这句话放在劳拉身上，可以改写为"沉得住气的女孩，运气总不会太差"。

二、有亲和力，创办读书节

　　1995—2000年，乔治·布什担任得克萨斯州州长，劳拉成为州长夫人。据报道，当时劳拉喜欢去更亲民的墨西哥餐厅吃饭，在平价超市购物。她对权力没什么兴趣，丈夫参选前，还竭力劝说丈夫不要参选。她不喜欢成为众人瞩目的焦点，认为接受采访是无趣的。与她在镁光灯下谦和、低调形成鲜明对比的是，她却不介意利用自身的影响力，推动阅读活动，让更多的人爱上阅读。劳拉主要发起的活动有："为孩子花时间"——教育父母及监护人树立照顾子女的意识的活动；"家庭阅读"——通过与芭芭拉·布什基金会合作，敦促州内各个社区建立家庭阅读项目；"准备阅读"及早期儿童教育项目[10]。

　　爱看书的劳拉一直致力于阅读推广活动。从得州州长夫人到第一夫人，她发起的读书节也从州发展到覆盖全美[11]。直至今日，读书节依然影响深远。

　　1995年，劳拉发起得州读书节。在其回忆录里，她介绍了读书节的来历和一些有趣的细节。成为州长夫人几个月后，作家罗伯特·斯基明来拜访她。谈起自己参加肯塔基州读书节的情况，他表达了一直想在得州开办读书节的想法。斯基明对劳拉说，"您曾经当过图书馆员，由您来发起这件事正合适"。劳拉对读书节的提议很感兴趣，于是很快组织人马进行筹备。工作人员向作家发出了邀请，虽然得到的反馈都很积极，但劳拉还是不放心。距离读书节开幕前的几个星期，她晚上睡不着，躺在床上想：如果天气不好怎么办，如果帐篷被风吹跑了怎么办。看到一些关于场面冷清的活动的报道，她就担心即将开幕的读书节，如果没人来参加怎么办。开幕当天，读者们来了，作家们也忙着宣传新书，场面很热闹。劳拉却在活动现场看到，竟然还有人手提电钻在轰轰作业，赶忙打手势叫停，随即又开始担心是否忽略了其他类似的一些细节。即便身为州长夫人，劳拉对于活动的执行也是亲力亲为，一一把控细小环节。事实上，读书节的效果远比想象中好。首届读书节举办的那个周末，就有近15000人来参加。读书节为州图书馆筹集到了超过230万美元的资金。

此后，当劳拉随布什入驻白宫，她将州读书节的项目发展成了全国性的读书节。2001年9月8日，劳拉与国会图书馆合作，启动了第一届全国读书节[12]。据美国国会网站的报道，首届全国读书节邀请到了60位全国知名的作家，有25000~30000名读者抵达现场，参与了读书节活动。除了专业作家，社会各界热心人士、推广阅读的人士也来为阅读站台。在儿童青少年分会场，全国篮球协会和全国女子篮球协会的会员通过交流介绍了他们对阅读的理解，传递"通过阅读来实现成功"的理念。时任全国篮球协会主席米歇尔·库里表示，"阅读很有意思，图书也很酷。我会每天读书来学点新东西"，并通过参加读书节，强调教育的重要性。库里以身作则地告诉人们，即使未来将专业的篮球运动员作为职业，也是离不开读书学习的。

此外，曾担任图书馆员的劳拉，也积极推动图书馆事业的发展。她创办了"劳拉·布什21世纪图书馆员计划"（Laura Bush 21st Century Librarian Program），以"支持全国儿童的教育，通过提供资金帮助美国学校图书馆扩大馆藏资源,并使其多元化"[13]。每年,该计划向美国学校捐赠 100 余万美元。由博物馆和图书馆服务研究所(Institute of Museum and Library Services,IMLS)发放,资金主要用于图书馆学专业的招生及教育、在职馆员的继续教育以及新项目、新课程的开发。

2008 年 11 月 16 日,在劳拉·布什基金会与中国文化部(现更名为文化和旅游部)联合资助下,中国图书馆学会、中国国家图书馆与美国伊利诺伊大学图书馆共同签署了《中美图书馆员专业交流项目协议书》。自 2008 年 9 月 1 日开始,至 2010 年 8 月 31 日结束,历时 2 年[14]。

2005 年,美国遭受飓风卡特里娜和飓风丽塔袭击后,该基金会根据图书馆馆藏的受损程度向受灾地区的学校图书馆捐款 1 万到 7.5 万美元不等。2015 年,劳拉·布什基金会向得州奥斯汀市 6 所小学捐款 7000 美元。2017 年,基金会又向遭遇飓风及加州森林火灾重创的地区,捐赠物资以帮助重建学校图书馆。

三、始于阅读,不止于阅读

尽管成为第一夫人的劳拉刻意保持低调,但是在很多关键时刻,尤其在涉及儿童和女性权益时,她都挺身而出。2001 年,"9·11"事件之后,劳拉向美国儿童发表讲话,"我们必须确保我们的孩子们在家中、在学校是安全的。我们必须确保有人爱护、照看他们。虽然这世界上有一些坏人,但是还有更多的人是好人"[15]。次日,她在《致美国家庭的公开信》中,呼吁各州分管教育的公职人员,聚焦小学和中学学生的安全。她致力于消除灾难对儿童造成的负面情绪的各种因素,比如,减少电视播放的受灾画面。两周后,她在肯尼迪中心举行纪念音乐会,并发起为遇难者家庭募捐的活动。"9·11"事件一周年纪念日之际，她建议家长点一支蜡烛纪念不如花些时间陪伴孩子们阅读，同时不要让孩子们看电视报道中的一些刺激性的场景画面，比如飞机撞击大楼或者大楼坍塌等[16]。

据说，劳拉成为第一夫人后，美国男性心目中最受欢迎的妻子职业的选项，除了教师、会计、牙科助理外，又多了图书馆员。

《时代》杂志曾将劳拉评为"美国历史上最伟大的第一夫人"。因为她更像一个温柔而内心坚强的妻子，她比温柔而内心坚强的妻子又拥有更多更广泛的见识。那么，想成长为温柔、坚定又博学的你我，可以从热爱阅读、走进图书馆做起。

玛莎·艾米丽·拉森·杰恩（Martha Emily Larsen Jahn）（1875—1954）

从图书馆员到政治家夫人，踏踏实实做事

玛莎·拉森·杰恩是挪威一位政治家的妻子。1875年，玛莎出生在一位批发商的家庭。中学毕业后，她于1896年前往苏格兰和德国学习语言。1897年，玛莎担任政府机关的书记员。1898年，她在克里斯蒂亚娜的德希曼（Deichman）图书馆工作[17]。1902年，在纽约州图书馆学校完成学业后，玛莎在特隆赫姆公共图书馆（Trondhjem Public Library）开始了将近10年的图书馆员的职业生涯。1910—1913年，她在教育和教会事务部担任对接公共图书馆的工作人员。

一、学成归来，助力祖国图书馆事业发展

在玛莎的职业选择中，将近10年的图书馆员的职业生涯是她人生

重要的组成部分。1902 年，虽然玛莎在美国求学，但是她没有忘记祖国图书馆事业的发展。当年挪威新建的特隆赫姆公共图书馆获得了可观的资金支持，这与她的努力是分不开的。她在毕业后就来到该馆，兢兢业业地工作了近 10 年，终于使得该馆成为当时中等规模的公共图书馆的典范。该馆拥有一座中心馆，两座分馆。分馆就修建在当地的公立学校中。时至今日，该馆还是挪威的重要的公共图书馆之一[18]。

二、喜结良缘，各自精彩

正所谓，遇见合适的人，能激励自己也成为更好的人。1911 年 4 月，玛莎与冈纳尔·杰恩（Gunnar Jahn）结婚。冈纳尔是挪威法学家、经济学家、统计学家、自由党和抵抗运动组织的成员，政治家。1902 年，他在特隆赫姆大教堂学校完成了中等教育。1907 年，毕业于皇家弗雷德里克大学坎德朱尔分校，冈纳尔获得学士学位。他在洛富顿担任法官，之后又返回大学；1909 年他毕业于经济学专业。他自 1910 年起受雇于挪威统计局。他曾担任过的重要职务有：1934—1935 年和 1945 年担任挪威财政和海关部长、1941—1966 年担任挪威诺贝尔委员会主席、1946—1954 年担任挪威中央银行行长[19]。

婚后，杰恩没有被丈夫的光芒掩盖，而是通过自己的努力和奋斗，积极实现自我价值，并找到了自己愿意奋斗终生的事业。她先是短暂地担任过工艺美术学校的秘书。自 1915 年起，她全身心地投入到推动妇女和和平事业的发展中[20]。

三、关注妇女和和平事业的发展

国际妇女争取和平与自由组织（ICFF）成立于 1915 年海牙的一次和平会议上，以抗议世界大战。杰恩是该组织成员。她还参与领导挪威妇女联盟[21]。自1919年起，她就是国际刑事法庭国际治理的成员，参加了截至1929年的所有国际大会。作为和平问题的调查组织者、讲师和作家，她致力于推动和平事业的发展。在她的推动下，8万枚签名征集起来以支持1932年的国际裁军大会[22]。

她宣称自己是女性主义者，对女性主义有独到的理解。相比其他一些"反对男性"的作为，她倾向于切合实际地处理问题，不执拗，也不"硬碰硬"。她个性随和，处事得体，和男性同事相处融洽、合作顺畅。

韦棣华（Mary Elizabeth Wood）（1861—1931）

不惑之年，异国拓荒，激流勇进

想象一下，你年近40、有自己的事业，让你放弃这一切去一个陌生的国家重新开始，你愿意吗？去异国他乡不是一两年，而是几十年，你还愿意吗？而且，环境艰苦，缺钱缺人，什么都得靠你自己解决，是不是要打退堂鼓？不是随家庭迁居，而是孑然一身，是不是在怀疑这样的人是否存在了？现实中，这样的人的确存在，认识一下这位名叫韦棣华的美国女性。

韦棣华，即玛丽·伊丽莎白·伍德（Mary Elizabeth Wood，通常写作Mary E. Wood或M. E. Wood，并冠以Miss），昵称"丽绮·伍德女士"（Miss Lizzie Wood）。1861年8月22日，她出生在美国纽约州巴达维亚城。她的弟弟在中国传教。1899年，因担心弟弟的安危，38岁的韦棣华来中国省亲[23]。

一、与中国结缘

这一来，韦棣华与中国长达 30 年的缘分由此开启。当时的她刚刚成为美国理奇蒙得纪念图书馆（Richmond Memorial Library）的馆长。可是见到弟弟安然无恙，她还是决定暂留武昌，并在弟弟的鼓励下，成为思文学校的英语教师。转眼到了 1901 年，她的教学愈发熟练，却发现了另一个问题——学生缺乏课外书。于是就向美国的朋友募捐，终于在学校建立了一所图书室。此外，她还全身心地投入到教学活动中，所办的讲座很受欢迎。

二、深耕细作图书馆事业

身为图书馆馆长的韦棣华，没有止步于一间图书室。1910 年，文华公书林正式落成，这是中国第一所美式公共图书馆[24]。此时，距离她首次抵达中国已经过去整整十年。图书馆建设需要人、财、物的大量投入，韦棣华没有退缩。1906 年回国后，她就踏上了筹款、筹书之旅。韦棣华利用自己的人脉和影响力，积极奔走呼号，向美国民众和图书馆界介绍中国图书馆发展的现状与问题。到 1909 年，她已筹到 7000 美元。为了办好图书馆，她还去接受了专业图书馆员的培训，分别于 1906 年和 1918 年前往普拉特学院、西蒙斯学院潜心学习，提升自己的图书馆业务水平。学成返回中国后，1920 年，韦棣华和图书馆学宗师沈祖荣在同一地址创办中国第一个图书馆教育机构——文华大学图书科，文华公书林即作为其实习基地和图书馆[25]。1922 年至 1928 年，45 名学生从文华公书林毕业，并在中国国家图书馆和学术图书馆工作[26]。

1914 年，文华公书林设立了 18 个小型巡回文库，这相当于今天的流动图书馆，这在当时算是非常前卫和先进的服务：配好的书装进箱子，再用竹竿提起，由人力运输。这种最原始的运输方式，却让学校、诊所、军营等地的读者们足不出户就体验到了当时最先进的图书馆服务。到1920年，该馆已经拥有9400册英文图书和11500册中文图书。

三、争取赔款助力图书馆发展

巧妇难为无米之炊，韦棣华在中国开设图书馆的过程中，意识到图书馆事业的长远发展需要资金的支持。她在中美两国之间奔波，积极推动美国政府将多余的庚子赔款归还给中国。功夫不负有心人，1924年5月21日，美国国会参众两院通过第248号联合决议（House Joint Resolution 248），并获约翰·卡尔文·柯立芝（John Calvin Coolidge）总统批准，决定将613755290美元的庚款余额退还中国，用于进一步发展中国的教育与文化事业，韦棣华极力落实余款用于图书馆事业[27]。

四、宣传促进中西图书馆交流

1925年，韦棣华助力成立中华图书馆协会。1927年，她代表中国在内15个国家图书馆协会发起联合倡议，成立了国际图书馆协会联合会[28]。除了这些实际工作，韦棣华还通过文章等形式，积极将中国图书馆事业的发展状况分享出去，并提出存在的问题以期得到民众的支持和关注。三次返美期间，她都发表了演讲，主题都集中于中国图书馆事业的发展状况，积极鼓励美国民众捐钱捐物[29]。

韦棣华为近现代中国图书馆事业做出了巨大贡献，是名副其实的"中国现代图书馆运动之皇后"。从她的事迹，我们看到了一位图书馆人抛开政治、国别的差异，求真务实、全身心投入图书馆事业发展的赤诚之心！

卡拉·海登（Carla Heyden）(1952—)

64 岁成为世界上最大的图书馆的掌门人，海登的人生才刚刚开始

2016 年 9 月，64 岁的卡拉·海登被任命为美国国会图书馆的第十四任馆长，任期 10 年。美国人都沸腾了，各大媒体争相报道[30]。她是国会图书馆自 1800 年开馆以来的第一位女性、非洲裔馆长。她是如何在花甲之年却迎来了事业的第二春，甚至实现了创造历史的"逆袭"的呢？

中国人常说见字如晤，在美国国会图书馆官网上，有一封海登写给读者的公开信，清晰简明，落落大方，正文如下：

"美国国会图书馆是世界上最大的图书馆，拥有百万计的图书、录音带、照片、报纸、地图和手稿。图书馆是美国国会的主要研究机构和美国版权办公室总部。图书馆可以获取丰富多元的信息，能启发并鼓励您求知与创造。无论您是初次拜访的新用户还是经验丰富的研究者，我们这里有世界一流的员工在网上或者在馆内恭候您。我建议您能来华盛顿，来图书馆实地走一趟。当然，您无论身处何处，都可以通过互联网来探索我们图书馆，还可以通过社交媒体与我们互动。"

您诚挚的卡拉·海登于美国国会图书馆

这里先简要介绍下美国国会图书馆。该馆成立于 1800 年 4 月 24 日，直属美国立法机构——国会。美国国会图书馆是美国 5 座国立图书

馆之一，既服务于国会，也服务于美国民众，是美国实际上的国家图书馆。作为全球馆藏量最大的图书馆，国会图书馆的书籍收藏量有 3000 万种，涵盖了 470 种语言，超过 5800 万份手稿，是美国最大的稀有书籍珍藏地点。该馆馆长的产生也很严格。先由美国总统提名，后经参议院听证及投票通过。任期原为终身制，后改为十年，但可连任。国会图书馆馆长的行政级别很高，为联邦政府高级政务官第二级。海登为何能过五关斩六将地脱颖而出，甚至创造历史，让我们来一起探寻下她的成长历程。

一、祖辈为奴

卡拉·海登，全名为卡拉·黛安·海登（Carla Diane Hayden），1952 年 8 月 10 日出生于美国佛罗里达州塔拉哈西原[31]。她的父亲叫布鲁斯·肯纳德·海登（Bruce Kennard Hayden），是佛罗里达 A&M 大学一所学院的负责人。母亲科琳·海登（Colleen Hayden）是一名社工。小海登在纽约长大，当她 10 岁时，父母离婚。她随母亲搬到了芝加哥。据说，母亲的祖上是奴隶。母亲对海登的影响很大。母亲对海登来说亦师亦友。她们喜欢一起旅行。比如，两人会在母亲的生日时相伴出游[32]。

二、《明亮的四月》，童书启蒙

海登拥有罗斯福大学的政治学和非洲历史学的本科学位，芝加哥大学的图书馆学的硕士和博士学位。但说起最喜欢的一本书，还是她小时候读过的一本由玛格丽特·德·安吉利（Marguerite de Angeli）创作的《明亮的四月》（*Bright April*）。海登回忆说，8 岁时，她无意中遇到这本书。小说《明亮的四月》刻画了一位个性鲜明的非洲裔小女孩"四月",讲述了她所经历的种族偏见。故事发生在宾夕法尼亚州费城的日耳曼街区,书本中描绘的街区风景至今依稀可辨[33]。

20世纪60年代的美国,民权运动风起云涌。1963年美国民权运动领袖马丁·路德·金博士刚刚发表闻名于世的《我有一个梦想》的演讲。而《明亮的四月》作为第一本谈论种族偏见分歧问题的儿童读物,在当时看来,确实是一个大胆之举。8岁的海登就接触到了这样一本颠覆认知的图书。日后在谈及这本书时,海登常把这本书比喻成一面镜子,一扇窗户,她能从"四月"的身上看到自己。

因"四月"带来的思考,一直影响着海登。海登在读博期间,研究了有关儿童读物中非洲裔美国人的典型代表。当她看见《明亮的四月》出现在一个人物刻板模式化读物的名单中时,不禁在内心惊呼:"哦,不!《明亮的四月》不是这样的!"这使她真正意识到,作为成年人是如何看待儿童读物的,而成人眼中的世界可能与儿童看到的是不同的。这也促使海登去思考,该如何看待儿童读物中的语言、文字和插图。除了研究儿童读物,海登还参与到图书馆的儿童服务中。她曾自我调侃说,那段讲故事的时光极大地锻炼了她的管理能力。"如果你能在讲故事时段,搞定那些三四岁的小读者,那你就能凭这个'一招鲜'去搞定其他事了。"1995年,美国《图书馆杂志》将"年度图书馆员"奖颁发给她,以表彰她在普拉特图书馆的对外拓展服务,即为巴尔的摩青少年提供的课外辅导中心以及升学和职业咨询[34]。这是该奖项首次颁发给非洲裔美国人。

海登的第一份图书管理员工作是在芝加哥公共图书馆当助理图书馆员和儿童图书馆员。这份工作始于1973年,海登与图书馆的缘分也由此开始。1979—1982年,她担任青年服务协调员,仍在芝加哥公共图书馆工作。1982—1987年,她在芝加哥科学与工业博物馆担任图书馆服务协调员。当了 25 年图书馆员后,她成为一名大学教师。1987—1991 年,她在匹兹堡大学的信息科学学院担任助理教授。随后,回到芝加哥,担任芝加哥公共图书馆的副专员和首席图书馆员直至 1993 年。她从 1993 开始担任马里兰州巴尔的摩市伊诺克·普拉特(Enoch Pratt Free Library)自由图书馆的首席执行官。随后,在 2016 年 9 月 14 日,她宣誓就任第十四任国会图书馆馆长。在漫长的职业生涯中,虽然服务的图书馆不尽相同,但她始终恪守职责,坚守自己的信念。

三、不忘初心

2003—2004 年,在海登担任美国图书馆协会主席期间,她选定的主题是"平等获取"。她直言不讳地公开反对《美国爱国者法案》,打响了一场捍卫图书馆读者隐私的战斗。自《美国爱国者法案》通过以来,美国图书馆协会就致力于提醒广大馆员对美国联邦调查局的(FBI)调查理由保持警惕,并鼓励他们全身心投入保护用户以及自身的隐私权的抗争。2002 年 4 月,美国图书馆协会管理委员会通过了一项决议,公开肯定用户的隐私权,并且明确指示馆员尽其所能保护用户的隐私。海登宣称,"我们国家图书馆自由阅读的权利,是以人民必须能够获取信息和思想而不担心受报复为基础的。当馆员们反对《美国爱国者法案》时,我们为公众而战"。她尤其反对第 215 条款,给予美国联邦调查局(FBI)极大权力去搜索商业记录,包括书商记录和图书馆记录。FBI 在检查图书馆记录之前不需要提供合理理由,这严重威胁到读者的隐私权。在与时任美国总检察长约翰·阿什克罗夫特(John Ashcroft)的论战中,海登要求他应该提供基于第 215 条款被调查的图书馆数量。她的顾虑是要确保平衡,在安全和个人自由之间的平衡[35]。

正因为她坚决捍卫图书馆隐私权,坚决保护每一个美国人的借阅记录隐私的强硬立场，海登被《她》（Ms. Magazine）杂志评选为"2003年度女性"，在接受采访时，她这样说道："图书馆是民主的基石。图书馆意味着每个人都能自由平等地获取信息。人们对此已经习以为常了，以至于会没能意识到在图书馆里还能有这样潜在的风险。"她这样做，是因为"（图书馆员）是活动者，投身于相关的社会活动中。现在，我们为自由而战"。

如果说捍卫隐私权是为民众的自由而战，那么2015年她就是为民众的安全、希望而战。2015年，美国巴尔的摩市发生骚乱期间，担任巴尔的摩的伊诺克·普拉特自由图书馆馆长的卡拉·海登坚持图书馆照常开放。海登解释说，当时是整个社区在保护图书馆，人们需要一个安全的地方，能让他们感到安全、能获得机会的地方。所以，图书馆就照常开放了。当天到馆的读者中，有一个人是来用计算机填写在线工作申请的。几天后，这名读者又回到馆里，因为他获得了三个有关工作申请的回复。周末，婴幼儿也被父母带来图书馆，因为没有其他地方开放。媒体工作者们也在图书馆办公。虽然当时的暴动尚未平息，但是海登希望传达这样一种信息：这里是安全的、这里是这个城市还在运转的地方。海登的这一举措赢得了人们的尊重，但她却将这一切都归功于她的母亲。"我应该感谢的是她。在她早期的工作生涯中，我的家庭作业就是在那些社区的会议上完成的，当时我观察到这已经潜移默化地影响了我。保持图书馆照常开放是我必须去做的，图书馆就像是希望的灯塔。"[36]

无论是担任伊诺克·普拉特自由图书馆馆长（1993—2016），还是担任美国国会图书馆协会的主席（2003—2004），海登始终不忘图书馆员的使命，坚持服务社区、服务民众，将图书馆的利益、民众的利益放在首位。

美国前总统奥巴马在提名海登的推荐中说道，"海登在其职业生涯中，通过引导图书馆现代化的发展来使得每个人能融入当今的数字文化中。她丰富的从业经验、责任心和对我们国家图书馆的深刻认知能很好地服务于我们国家。这也是我之所以期待数月后与她共事的原因"。美国图书馆协会主席朱莉·托达罗（Julie Todaro）认为，"海登博士有着积极的影响力，她一直敢为人先……海登对图书馆在正规教育、社区化学习、促进个人发展、社区进步方面发挥的统领作用有着深刻的认识"。

海登确实也当得起这样的评价。图书馆现代化的方式之一就是使用社交媒体来联系全世界各个角落的人。她是国会图书馆第一位开通推特（美国的社交媒体平台）账号的图书馆员。宣誓就职时，她就已经有上万的粉丝量。

作为第一位在互联网飞速发展的时代上任的国会图书馆馆长，她致力国会图书馆的馆藏保护工作，并且努力实现信息获取的现代化。此外，她还希望图书馆能与华盛顿以外的人们建立起联系，尤其是那些农村地区的读者和有阅读障碍的读者。

2017年1月11日，美国一位四岁的小女孩黛莉亚·玛丽·阿兰（Daliyah Marie Arana）应邀参观国会图书馆，并被任命为"值班图书馆员"。黛莉亚自2岁起就爱上阅读，4岁时已经读过一千多本书[37]。据说，她告诉父母，她想当图书馆员。不想等女儿长大才实现这个梦想，母亲哈莉玛询问各地的图书馆是否愿意帮女儿实现梦想。当海登得知此事后，随即邀请黛莉亚前来参观，并担任一天国会图书馆馆长。她回应称，希望大家知道，图书馆员的职位是值得憧憬的。

这样一位致力于将图书馆与民众紧密相连的馆长，在被问起图书馆在你的生命中意味着什么的时候，她回答道："它们是避难所，是我能够去探索的地方。"回顾她的职业生涯,她是如此说的,也是如此做的。也许正是这样的"不忘初心,方得始终",她的图书馆员之路比一般人更长远一些。

赛迪·彼得森·德莱尼(Sadie Peterson Delaney)(1889—1958)

图书也能治病？"书目疗法"告诉你

"书目疗法"(Bibliotherapy),又称图书医疗法、阅读疗愈,是借由阅读图书或接触其他信息材料,帮助读者纾解负面情绪,进而达到身心平衡的状态。通常是由图书馆员、心理治疗师,或其他相关专业人员,针对个别需求,进行材料选择,并利用这些材料对读者进行治疗。在图书馆领域,有这样一位"书目疗法"的先锋人物,她并非刻意证明阅读的好处或者宣扬这种阅读方法,而是怀着悲天悯人的心态,从自身的工作出发,积极地为身处困境中的人们,尤其是弱势群体,提供力所能及的帮助,被世人尊称为"书目疗法"女士。她是萨迪·彼得森·德莱尼。

一、关注儿童青少年

大学毕业后的萨迪·彼得森·德莱尼接受了纽约公共图书馆的培训并开始工作。她主要为不同种族的儿童提供图书馆的服务。举办的活动有儿童听故事、图书分析讨论等,还有一些专门针对特殊青少年群体,比如面向出生在国外的小孩、视障儿童的活动。为了更好地服务视障人士，德莱尼特意自学了盲文，掌握了盲人的阅读和写作技能。此外，她还扩充了有关盲文的馆藏文献。为了更好地服务儿童、青少年，她与少年犯接触、与家长和社区的工作人员合作，帮助他们了解图书馆对儿童青少年的价值[38]。

二、帮助少数族裔群体

1920 年，德莱尼被派往纽约公共图书馆的第 135 大街分馆工作。在那里，她与非洲裔美国人、犹太移民以及来自意大利、中国的移民共事。她定期与很多非洲裔美国作家见面，帮助他们与其他作者、出版商建立联系和合作。通常，她会帮忙安排艺术类项目活动，比如与学者、社区领导对话。她在纽约公共图书馆举办了首场关于非洲裔美国人的艺术展览。她还尤其关注由非洲裔美国人撰写的或者描述非洲裔美国人的书籍[39]。

三、陪伴伤残士兵

1924 年，德莱尼被任命为退伍军人管理医院附属图书馆的馆长。这家医院主要服务于伤残的退伍老兵，这些老兵中多有情绪受到创伤甚至出现精神疾病。最初，她只是从纽约公共图书馆借调到此工作六个月，但最终她却留了下来，将整整 34 年的时光都奉献于此[40]。

刚来时，这里只有 200 本书和 1 张桌子。德莱尼上任做的第一件事就是让图书馆变得更舒适、更受读者的欢迎。她将图书馆迁至一个更大一点的房间，增添绿植，墙上增加了一些挂件装饰并增添一些令人赏心悦目的元素，以期为病患读者创造一种积极愉悦的氛围。第二步就是扩充馆藏文献。她专门采购了一些适合病患和医务工作者阅读的图书。一年后，图书馆中供病患借阅的藏书达到 4000 余册。图书馆的月流通量增至 1000 余册次。截至 1954 年，基于病患的藏书超过 13000 册，基于医务工作者的藏书超过 3000 册。

四、聚焦病患读者

德莱尼在工作中深入地应用了阅读疗法。她是这样定义这种疗法的：通过有选择的阅读，对病患进行治疗。她提倡要给每位病人予以足够的关注，了解他们的兴趣点，将他们的阅读兴趣与馆藏图书进行匹配。为了深入了解病患读者，为他们选择合适的读物，她会咨询病患的医生、与医护人员进行沟通。她甚至建议服务病患的图书馆员也应参加医学领域的会议。

为了更好地进行阅读推广、开展阅读疗法，德莱尼开展了很多专门针对病患读者的项目，包括每月定期组织读书分享会、讲故事等。她会亲身参与到这些活动团体中，分享自己的兴趣爱好，比如集邮等。所有这一切，都是为让尽可能多的退伍伤残病患者参与到图书馆的活动中。

为了让那些行动不便无法下床的病患也能够读书，德莱尼设计了一种独特的图书阅读方式：将图书的书页投影到墙壁上，病人就可以通过按钮进行翻页阅读。

德莱尼早年习得的盲文也在医院图书馆派上了用场。她开始在医院教授盲文，当部分病人学会了之后，就可以去教其他人。通过你教我学的方式，病患之间的联系也密切起来。总计有 600 多名患者掌握了盲文，他们还被鼓励加入图书馆的各种读书俱乐部和兴趣小组。

1927 年，德莱尼和病患读者们开始在当地的广播电台宣传图书馆的活动。参与图书馆活动的病人们展示了他们的艺术作品、发表的相关的图书评论，并广受好评。1938 年，德莱尼在接受《机会》（*Opportunity*）杂志采访时说，"这里，人们的思想因为伤残的身心被禁锢了，一旦思想被唤醒，他们就在参与活动中流露出了对生命和生活的热爱"[41]。

在她孜孜不倦的努力和探索下，退伍军人管理医院附属图书馆成为全美乃至世界范围内都颇具影响力的图书馆。伊利诺伊大学、北卡罗来纳大学，以及亚特兰大大学的学生都曾去观摩学习。欧洲、南非和美国其他地方的图书馆员也去拜访取经，学习她的阅读疗法。但他们该学的不仅是科学完善的图书馆服务，还有德莱尼那颗始终关注、体恤弱势群体的大爱之心！

维基利亚·莱西·琼斯（Virginia Lacy Jones）
（1912—1984）

哪有天生幸运，只是越努力越幸运

20世纪初的美国，种族隔离依然存在，美国社会环境对非洲裔的女性并不友好。出生在这样的时代背景下，一个普普通通的女孩先是得到当老师的亲戚的帮忙，随后在学校遇到一位很慧眼独具的导师，对她很是关照，就连去趟图书馆查资料都能遇到个神助攻般的馆员，一顿帮忙就立马比赛获奖了，可谓一路"锦鲤附体"。可同样还是这位幸运的女孩，却因当老师的亲戚而放弃梦想，找到好工作却遭恩师否定，这样反转频出的却不是小说，而发生在现实生活。在命运的峰回路转中，维基利亚·莱西·琼斯[42]如何成就自我，成就他人的。

一、贵人唤起梦想

琼斯出生于1912年，家境并不好，父亲早逝，母亲一个人抚养她长大。当时的美国也有类似今天学区的概念。她姑姑家所在的学区的高中很不错,如果能在那落户并读完高中,她还能够免费去读当地的一所师范学校。当时,琼斯的理想就是当老师。姑姑也劝她妈妈让琼斯搬去她家。姑父是老师,还能辅导她功课。琼斯如果没有姑姑的帮助,以自己的家庭条件是很难获得入学机会的[43]。所以,第一次幸运就这样降临到她身上。

可多年后的采访中,琼斯透露她与姑姑一家相处得并不愉快,高中的生活也非常不开心。最重要的是,她当老师的梦想因为一件事改变了。当时,学校组织了一次征文比赛,作文题目是《参加周日学习的价值》(The Values of Attending Sunday School),要求探讨为什么应该去上周日学校。琼斯拿了这个题目之后,每周六都跑去图书馆查资料,结果得到了一位热情的咨询馆员的帮助。在馆员的细致的指导下,琼斯第一次发现原来图书馆里的资料都能够分门别类地展示,而她可以找到任何她想用在文章中的素材。最后,她的文章脱颖而出,获得了征文一等奖,但也就是从那个时候开始,她意识到自己想成为图书馆员,像自己遇见的那位馆员一样去帮助他人。

二、插曲激发斗志

这个看似简单的决定,其实在当时是很有风险的。图书馆员并不是一个有很大需求的职业,而且非洲裔美国人能够成为图书馆员的机会非常少。一面是康庄大道,一面是羊肠小路,放着大道不走,非要去铤而走险,这在别人看来是非常不理智的。好在她非常幸运地遇见了一位恩师。当时的汉普顿学院(Hampton Institute)是美国南方唯一的一所设有接收非洲裔的图书馆系的学院,且学费不高。在获得奖学金后,琼斯顺利入学,并成为系主任柯蒂斯的学生。大学里,琼斯努力学习,确保拿到奖学金继续学业，同时还积极参加各种活动、结识了很多朋友。她曾回忆那是她人生中最快乐的时光之一。就这样为梦想奋斗着，大好前程指日可待[44]。可求学期间发生的一件小插曲，给琼斯敲响了警钟。柯蒂斯老师带着学生们开会，琼斯因为是非洲裔而差点被拒之门外。由于她的肤色白皙，琼斯被误认为是白人，因此可以住在酒店里观看展览。琼斯后来表示，"我从来都不喜欢以这种肤色进行身份认证的方式，尽管我通过了……我对这样做有着复杂的感受……另一方面，我似乎有了一种胜利感，智胜白人种族歧视的感觉。"这件事让她深刻地意识到，种族隔离制度的落后和腐朽，而自己必须要通过加倍的努力，才可能争取到更为平等的社会地位。

三、知识改变命运

为了改变自己和同胞们的命运，琼斯积极地投身于非洲裔美国图书馆员的培训项目中。当时，她的导师提议建立区域型的夏季培训课堂，琼斯把握住机会，成了该项目在得克萨斯州的负责人。馆员们通过这个课程获得了专业的图书馆业务培训，包括参考咨询、图书筛选、学校图书馆管理、编目和分类等知识。与此同时，她还去大学向为非洲裔美国人开办的公立高中的图书馆馆员授课。通过修满大学的学分，这些馆员能够获得州政府承认的相关的资质证明。在这种情况下，琼斯并没有放弃自己在学业上的持续精进。1938年，她获得了伊利诺伊大学图书馆学硕士学位。毕业后，她前往亚特兰大大学图书馆担任编目图书馆员，参与该校的图书馆学学院的筹备工作，并在参观美国东部大学各种项目中获得启发。终于，1941年，亚特兰大大学的图书馆学学院成立了。该学院不仅定位为培养图书馆员，还致力于为整个美国南部的图书馆提供更好的服务，尤其是为那些面向非洲裔美国人开放的图书馆。1945

年，琼斯再次返回大学深造，获得图书馆学的博士学位，其研究主要围绕美国南方城市的非洲裔公立高中图书馆展开。同年，她成为亚特兰大大学图书馆学学院的院长。在随后 36 年的职业生涯中，图书馆学学院共计培养出了约 1800 名非洲裔图书馆员，成为全国同类高校之最[45]。

当她还是学生时，导师弗洛伦斯·柯蒂斯就非常看好她，相信日后她会为美国南部非洲裔美国人的图书馆事业的发展做出贡献。事实上，她确实不负期望，不辱使命。在非洲裔美国人还普遍得不到平等待遇的年代，通过持续奋斗和不懈追求，实现了个人的目标，更重要的是，琼斯为其族裔树立了榜样，为他们平等地获取信息和知识立下了汗马功劳。也许用一句流行语来形容她更贴切，越努力越幸运！

玛丽亚·米歇尔（Maria Mitchell）（1818—1889）

此"追星"非彼"追星"

2015 年 10 月 5 日，中国女科学家屠呦呦和一名日本科学家及一名爱尔兰科学家分享 2015 年诺贝尔生理学或医学奖，以表彰他们在疟疾治疗研究中取得的成就[46]。屠呦呦是迄今为止第一位获得诺贝尔科学奖项的本土中国科学家、第一位获得诺贝尔生理学或医学奖的华人科学家，实现了中国人在自然科学领域诺贝尔奖零的突破。她在八十多岁高龄的获奖，也让人不禁想到了很多被遗忘在历史长河中的女性科学家以及她们的杰出贡献。当"女性主义"和"女权主义"成为如今很多人自我标榜的时髦标签时，她们只是默默地坚守在各自的岗位上，用行动在历史的长河中留下了一个个大写的"她"。如果你对伽利略、哥白尼不陌生，那么玛丽亚·米歇尔同样值得你的关注。

一、父亲的启蒙

1818 年，玛丽亚·米歇尔出生于美国马塞诸塞州一个名为南塔克特的小岛[47]。南塔克特岛是一座重要的港口，很多水手的妻子会在此留守数月，甚至长达数年。丈夫出海期间，妻子们就肩负起了整个家庭的重担。当时，这一情况某种程度上促进了当地崇尚男女平等、独立的风气[48]。

米歇尔的父母均为贵格会教徒，该教派信奉的是男女皆可接受平等的教育。鉴于当地的社会风气和家族信仰，米歇尔即便生在拥有 9 个兄妹的大家庭，也幸运地接受了教育。在这里不得不提的是米歇尔的父亲。他是测量仪器制造商，爱好数学和天文学。他所有的孩子都深受影响。这其中，父亲发现，米歇尔尤其热爱天文学。她成为一名小小的"追星"少女，对天文学的痴迷与日俱增。现代家庭教育常强调母亲对孩子言传身教的影响，却也不能忽视父亲对孩子的身心发展、兴趣启蒙发挥的重要作用。

米歇尔 11 岁时，父亲创办了自己的学校。米歇尔不仅在那上学，还成了父亲的助教[49]。回到家里，父女俩常相约在晚上看星星，父亲利用自己的望远镜教授她相关天文学知识。当米歇尔 12 岁半的时候，就协助父亲计算了日食发生的准确时间。

二、崭露头角

1836 年，米歇尔成为南塔克特图书馆（Nantucket Atheneum）的第一位图书馆员，这一干就是 20 年[50]。就像"扫地僧"一样，米歇尔在这个平淡无奇的岗位上，远离纷扰，潜心钻研，以一次次不平凡的成就惊艳了世界。

1847年，一颗彗星被米歇尔发现，并被命名为"米歇尔彗星"（Comet Mitchell 1847VI）。米歇尔也因此成为世界第一位发现新彗星的女科学家[51]。1847年秋，她获得丹麦国王颁发的"杰出人士"奖。一时间，米歇尔声名鹊起。据说，此前美国天文学家一直受到欧洲同仁的轻视，而米歇尔的发现扭转了这一局面。此外，米歇尔还成为航海历法局等天文机构的计算员，使得天文界不再是专属男性的领域[52]。

三、科研与教学并进

1865年，米歇尔受聘成为瓦沙学院（Vassar College）的教授，并被任命为该学院天文台的负责人[53]。在米歇尔的指导下，该大学自1865年至1888年，招收的数学和天文学专业的学生人数比哈佛大学还要多。虽然天文学就业面窄，但米歇尔始终清醒地意识到天文学研究的重要性。她告诫学生[54]，"当我们因琐事而焦躁烦恼时，看一眼星星就能意识到我们自身纠结的那点事根本就不算事。"

1868年，米歇尔开始用肉眼记录太阳黑子。自1873年起，她每日和学生们一起在瓦沙大学进行观测记录。这些成果是第一批有规律地记录太阳的照片。1878年，为了观测日食，她和学生们还带着天文望远镜赶去丹佛观测。她还观测木星和土星，并将观测成果发表在《美国科学和艺术期刊》（American Journal of Science and Arts）上。

四、助力社会平等

有幸接受教育并受益终身的米歇尔始终关注性别平等和种族平等。1835年，她创办了自己的学校。当时的公立学校还在实行种族隔离制度，她创办的学校却向所有的非白人小孩开放。如果说父亲为她种下了性别平等的种子，那她则将平等的观念进一步传播，身体力行来推动种族平等。

长大后的她，在几乎是男性垄断的天文学领域闯出了一片天地，也为后来的女性在这个领域争取到了更多的机会。据说，在米歇尔之后陆续有女性受聘为各天文机构的计算员，而使天文界不再是男性专属领域。1848 年，她成为第一位入选美国艺术与科学学院（American Academy of Arts and Sciences）的女性。1850 年，她成为美国科学促进协会（American Association for the Advancement of Science，AAAS）的成员。1881 年，在向美国科学促进协会提交的报告中，她吃惊地表示，竟然在她之后，美国艺术与科学学院再也没有一名女性入选。

在瓦沙大学执教期间，她发现即便自己工作多年，也有一定的知名度，薪金还是比不少年纪轻轻的男教授低。于是，她与教师团队剩下唯一的一位女教师一起，发起抗争，要提高薪水，并最终获胜。此外，为了反对蓄奴，她坚决不穿棉质衣物。

1889 年，米歇尔去世。后人为了纪念她伟大的成就，在其故居旁建立了一座"米歇尔天文台"，并放置了她生前最爱的克拉克式折射望远镜。她的塑像陈列在美国名人纪念馆。她留给世人的不仅有她在天文学领域的重大成果，还有她为种族平等、性别平等所做出的努力[55]。可以说，我们今天享受看似稀松平常的待遇，离不开她力排众人为非白人孩子争取平等的教育权利的努力，离不开她为自己和同事争取男女同工同酬的坚持。无论是在探索科学还是发展社会的道路上，她的身影都将激励着我们去追求更多的真善美。

凯瑟琳·夏普（Katharine Sharp）（1865—1914）

成才之路，一场自我摸索的未知旅途（一）

  2019 年 5 月 4 日的青年节前夕，有这样两位青年就因各自的事迹成为媒体、大众的焦点。一位是本拥有大好前程的男青年。他从小就是"别人家的孩子"。考进名校，是同学眼中的学霸，性格稳重、举止得体、尊重师长，与同学关系融洽，是家长和老师眼里"完美"的孩子。昔日同窗得知他的弑母罪行后，惊呼"相信自己干的，都不敢相信是他干的"[56]。社会各界都在反思究竟是哪里出了问题。悲剧的成因不能简单归结为个人的成长经历和环境等，但如何更有效地开展心理健康教育和保持人格健全却是值得我们去思考。另一位因美国高校的舞弊丑闻被曝光的女青年。作为中国百亿富豪的女儿，家长花 4300 万美元把她送进美国名校斯坦福大学。她在申请大学的材料中自称是实力出众的帆船运动员[57]。这段造假的经历，使人们想起"素质教育"的含义，不但要学习好，还要德智体美劳全面发展。比起机器打分的考试成绩，以个人经历为亮点的"软实力"的比拼，是否会成为舞弊的温床？

  这两个案件的成因复杂，我们不予评判，但这其中折射出的有关教育的培养机制、人才评价标准等问题，却是与每个人息息相关，关乎个人、家庭和整个社会。究竟怎样才能把一个人培养成才？内向的个性就一定会阻碍成才吗？抛开人生经历和生活背景的差异，人才有什么共性特征吗？

  一直以来，素质教育是学校、家长和学生关注的热门话题，高考更是学生人生阶段经历的最重要的考核之一。2019 年 4 月，浙江省属高校"三位一体"综合评价招生的测试进入高潮。何谓"三位一体"？高考通过考试的"学考成绩""高考成绩""综合素质评价"三方面综合考察学生，最终确定入围考试。由浙江省独创的这种综合评价招生制度，从 2011 年的两所试点发展到 2018 年的省内外 59 所高校，招生计划也从第一年的 260 人扩大到 2018 年的 1 万余人。记者走访了这些"三位一体"生所在大学的教师，发现这些学生的共同特质是"综合素质强，发展后劲足"，进校后无论从平均学分绩点、转专业和修读双专业、奖学金及综合荣誉获得情况、入党和心理健康等指标来看，均优于普通考生[58]。如何利用更科学、有效的考核标准帮助学生顺利从高中升入大学还需要更多的摸索和尝试。但是不可否认的是，纯粹高分就是人才的评价模式已经过时了，培养具备综合素养高的全面发展的人才引起了全社会的关注和思考。在各省市、高校不断革新考核筛选办法时，学生和家长最关心的还是，怎么度过大学能为以后的职场打下基础；怎样让学生学有所成，在社会立足，实现自我价值。

我们将通过再现两位个性、经历截然不同的普通人的成才轨迹，试着探索和反思值得借鉴的成才之路。

下面介绍的第一位是百年前的一位美国的女大学生。她的故事告诉我的是如何低开高走，从普通的大学生成长为专业和管理能力都颇受认可的职场榜样的。

一、懂事争气的少女

1865 年 5 月，夏普出生在美国伊利诺伊州埃尔金市。7 岁时，母亲去世，父亲要出门赚钱养家。据说，7 岁到 15 岁的小夏普一直由亲戚抚养。相比于其他大部分在父母的亲密关爱下成长的孩子，她无疑是不幸的。我们很难想象寄人篱下的小夏普是怎么成长的，但事实证明这段留守儿童般的经历没有让她的成长偏离正轨。1881年，她被伊利诺伊州埃文斯市西北大学（Northwestern University）的女子学院录取，四年后以优异成绩获得哲学学士学位[59]。

二、大学社团的积极分子

夏普童年虽然不在父母身边，但是小小年纪并没有自怨自艾，通过自己的努力以知识改变命运，实现自立自强。夏普的大学简单概括就是——能学会玩，缤纷多彩。她成绩不错，拿过奖学金，从哲学系本科毕业后又一口气念完了硕士。也许是长期的寄人篱下，夏普终于能在大学放飞自我了。除了努力学习，她还积极投身于志愿者活动、参加俱乐部等社团组织，比如文学社、姐妹联谊会等。这些通过联谊会产生的友谊可保持终生。这种热衷于参与社团的个性，从大学开始延续了她的整个一生，有人就曾评价她是"根深蒂固的联结者"[60]。

可以想象，夏普在大学之前是没有什么机会和条件去全面提升其综合素质的，但是这并没有阻碍她在大学去努力地发掘和把握各种参与社团、志愿者活动的机会。她磨炼了自己的组织才干和提升了解决问题的综合能力，无形中为自己"补"了素质教育这一"课"。

三、摸索中的职场菜鸟

毕业后，夏普当了两年的教师。1888年，她发现有图书馆在招收助理图书馆员，便萌发了改行的想法。她重新回到学校深造，于1892年获得了纽约州立图书馆学院的图书馆学的本科学位。当时这所学校是第一所提供图书馆学专业所有课程的大学。夏普决定转行当图书馆员，学习不遗余力，再次开启"能学会玩"模式。她不仅成绩出类拔萃，还参与亚当纪念图书馆的组织工作，又在斯科维尔研究所橡树园图书馆

（Scoville Institute's Oak Park Library）为读者提供服务。

四、从社团活动到职场项目

1892年，完成深造课程的凯瑟琳重返职场，就被时任校长麦尔维尔·杜威（Melvil Dewey）委以重任。当时的美国图书馆协会正在为参加世界博览会，筹备图书馆展览。杜威作为此次展览的关键人物，钦点夏普来参与筹备。将行业组织的大项目交付给一个初出茅庐的毕业生，可见杜威对她的认可和信任，这也是对她的历练和考验。果然，夏普没令校长失望，展览大获成功。据说她收获的评价是，"她卓越的工作引发了芝加哥教育者们的高度关注。"

一鸣惊人的夏普没有辜负杜威的信任和重托，杜威也为她打开了另一扇大门。当阿摩尔学院（Armour Institute）的院长弗兰克·冈索勒斯（Frank Gonsolles）恳请杜威为自己新开设的图书馆学系引荐一位最佳男性人选时，杜威只说了一句，"我推荐的这位是目前美国最棒的人选，而且是一位女士。"[61]

五、爱挑战敢创新

夏普在阿摩尔学院担任了5年的系主任，其间她努力将大学的组织结构应用到技术研究所。据说，她的工作方法与中西部其他图书馆项目（包括威斯康星大学的新兴项目）相辅相成。这引起了伊利诺伊大学香槟分校的校长安德鲁·德雷珀（Andrew Draper）的注意。1897年，安德鲁·德雷珀任命夏普为伊利诺伊大学图书馆馆长和伊利诺伊州立图书馆学院系主任[62]。

夏普不断地推行更严格的服务标准，提高学校的入学要求。她制定的课程不是东拼西凑，而是颇具革命性。她提议和实施了图书馆学的第一个为期四年的课程和学位授予计划[63]。夏普希望该学位授予计划成为一个研究生项目，入学时学生"需要学士学位"，且是满四年、成绩合格。尽管她有很高的期望和标准，但没有学究气，且为人慷慨。"她的生活总是充满活力。她对工作、对他人、对活动等事务都同样给予积极的响应。"

从夏普的职业生涯初期开始，她就积累了一系列重要的专业经验。1895—1896 年，她是威斯康星大学夏季图书馆科学学院的主任；1898—1907 年，她担任美国图书馆协会的副主席；1903—1904 年，她兼任伊利诺伊州图书馆协会主席；1906 年，她获得了纽约州图书馆学院的硕士学位。夏普还致力于将图书馆科学传播到中西部，并获得国家图书馆管理机构的大力支持。基于自己的工作积累和哲学专业的背景，她还积极探索总结图书馆的组织方面的经验。简言之，夏普兼备专业技能和组织领导力。在当时正逐步形成的图书馆学专业领域里，她的才华与能力进一步被人们所认可。她在阿摩尔学院的学生玛格丽特·曼（Margret Mann）、艾利斯·泰勒（Alice Tyler）和克尼利亚·马文·皮尔斯（Cornelia Marvin Pierce）等，后来均成为美国甚至世界图书馆学界的知名人士。

夏普因其卓有成效的组织领导、对图书馆事业富有创新的思想以及所做出的巨大贡献而被人们铭记。1999 年，她被美国图书馆协会评为"20 世纪 100 位领导人"之一[64]。

在探寻夏普的成长轨迹时，我们意识到以开放的心态去积极尝试和体验丰富多彩的大学生活，受益良多。但也许有人会说，夏普生性外向，乐于交往。即使当时没有想到要为职场磨炼技能，她开朗、爱交往的个性也会在她之后的职业发展中发挥重要的作用，帮助她磨炼出职场必备的领导力和组织才干。诚然，每个人的个性都不一样，难道内向寡言的人，就无法在职场立足吗？其实只要踏实勤奋，同样能成就一番事业。我们即将介绍的艾达·艾米丽·利森就是这样的人。

艾达·艾米丽·利森（Ida Emily Leeson）（1885—1964）

成才之路，一场自我摸索的未知旅途（二）

来自澳大利亚的艾达·艾米丽·利森，向我们展示了另一条成才之路。

利森是澳大利亚图书馆界第一位获得高级管理职位的女性。但人们对她管理能力的认可，离不开其扎实的专业技能和踏实勤奋的实干精神。

利森1885年2月11日出生于悉尼莱什哈特。父亲是来自加拿大的木匠，母亲是澳大利亚本地人。利森的求学之路始于莱希哈特公立学校，在获得奖学金后，她于1898—1902年就读于悉尼女子高中。随后她获得了悉尼大学的奖学金，并于1906年以二等荣誉毕业生获得工商管理硕士学位，随后在私立学校做了一段时间的教师[65]。

1906年8月27日，利森被任命为新南威尔士公共图书馆（New South Wales Public Library）的助理。由于大卫·斯科特·米切尔（David Scott Mitchell）的遗赠，该馆获得了有关澳大利亚和太平洋方面的宝贵资料。利森于1909年被调往米切尔（Mitchell）图书馆，成为整理这批资料的先驱之一。她对有关澳大利亚和太平洋的研究兴趣与日俱增，业务水平也持续精进。1916年7月，她被提拔为米切尔图书馆的高级编目员，并于1919年6月再次被提拔，获得了公共图书馆的高级职位。这次晋升使得她成功跻身图书馆的高级管理者的行列，成为该馆历史上具有影响力的图书馆员,也是澳大利亚图书馆领域第一位女性高级管理者[66]。

一、发现兴趣,踏实钻研

利森究竟有什么过人之处呢?简而言之,踏实和勤奋。比如,在她从事编目工作时,为了掌握从馆藏的资料中挑选出有关澳大利亚和太平洋的资料,她学习了法语、丹麦语、德语、西班牙语和意大利语。又比如,她为了加工和保存上述材料,成长为从事馆藏管理的图书馆员。就这样,针对不同工作内容和岗位的需求,她持续不断地自我完善。

二、低调做人,高调做事

1932年12月,她被任命为米切尔图书馆第二任馆长。虽然基金会对她胜任这项工作的资格毫不质疑,但不愿意任命一位女士来接任图书馆馆长的职位。于是,他们重新组织了图书馆的高级管理层,降低了米切尔图书馆馆长的职级和薪水。这一举动遭到了杰西·斯特里特(Jessie Street)等女权主义者的抗议。利森秉承低调做人,高调做事的原则,用实力打破歧视,来证明自己能胜任这个岗位。在她的指导下,米切尔图书馆在20世纪30年代巩固了其作为澳大利亚和太平洋文件的重要储存库的地位。该馆还收藏了许多重要的历史文献和当代藏品,并扩大了新南威尔士州档案局的作用,藏品中的手稿得以妥善地整理和保存。利森在20世纪30年代还成就了几件可圈可点的大事。1936年在米切尔图书馆100周年诞辰庆典期间,她成功举办了展览。此外,她撰写了《悉尼米切尔图书馆:历史和描述性笔记》(*The Mitchell Library, Sydney: Historical and Descriptive Notes*)。这是一本有关馆史的权威指南[67]。

1939 年，第二次世界大战爆发，利森无法被派往海外，原定去英国和欧洲的档案馆拍摄有关南太平洋的纪录电影的计划搁浅了。该馆最有价值的物品被迫转移到他处进行安全保管；资源有限和人员紧张使得该馆不得不缩短开放时间和减少为读者服务的内容。即便面对各方面的压力，她仍坚守岗位。1942 年麦克阿瑟将军在墨尔本建立总部后，由于缺乏有关太平洋的情报信息，盟军情报局各部门经常向该馆请求援助。之前经由她整理的相关文献发挥了重要作用。

三、华丽转身，积极进取

1944 年 4 月，利森被调去担任研究部（和民政部）的研究员一职，并成长为澳大利亚军队的一名少尉[68]。她随后成为康伦"智囊团"的关键成员，该组织包括当时的一些知名人士。1946 年 4 月正式卸任后，利森在战争临近结束时，没有选择去所熟悉的图书馆，而是重新开始，积极拓展和发挥专业才干。她成为民政学院（1946 年澳大利亚太平洋管理学院）的档案管理员。1949 年，她又亲赴努美阿（新喀里多尼亚的首都）为南太平洋委员会建立图书馆。她于 1950 年 4 月回国，继续为委员会在悉尼的社会发展科工作，直到 1956 年。在此期间，她编辑了关于南太平洋（1954 年）的参考书目。1956 年之后，利森继续在大学和私人机构从事研究，并慷慨地提供相关的建议和帮助。她于 1964 年 1 月 22 日在卡斯特拉克去世。

除了业务能力突出，利森还长期为女性和图书馆员工争取权利。当她还是图书馆助理馆员时，她做的第一件事就是作为图书馆助理馆员在要求周日工作获得相应报酬的请愿书上签字。20 世纪 30 年代，她支持反法西斯运动。同时，她支持女性通过戏剧和文学创作获得工作的权利，通过参与相关运动为妇女发声[69]。

1935 年，利森被授予乔治五世（King George V）国王银禧勋章。斯人已逝，时至今日仍有学者在自己的专著致谢中提及她。人们从她个人的著作和有关她的作品，以及因她而得到妥善保存的收藏品中，缅怀这位图书馆员，致敬她低调但不平淡的职业生涯和优秀的精神品质。

成才之路，每个人的走法都各不相同。但是从她们的事迹，我们不难感受到她们对知识、对生活、对真理的热爱和追求。我们不难对学业、事业怀有热情，难的是让这份热情之火熊熊燃烧十几年甚至几十年。愿你我能从这些杰出女性的身上受到激励，点燃自身的小宇宙，向着各自的目标进发。

克拉克·斯坦顿·琼斯（Clara Stanton Jones）（1913—2012）

从"不得民心"到众望所归，一条逆袭之路

古语云，水能载舟亦能覆舟。民众的支持至关重要，无论古今中外，无论哪个行业都是如此。1970 年，美国底特律公共图书馆的馆长选举结果公布了。80 多位图书馆委员会的成员走上街头，游行示威，公开表示不满选举结果，拒绝接受选举出的新馆长。这样一位一上任就如此"不得民心"的馆长，不仅没有被赶下台，而且工作了 8 年。1976—1977 年，她还成为美国图书馆协会的主席。她凭什么赢得了人心，实现了大逆转？

一、爱读书，心态好

  1913年5月，琼斯出生在当时美国种族隔离严重的密苏里州圣路易斯市。父亲是一家保险公司的经理，母亲曾当过教师。琼斯的家庭非常重视教育，也注重融洽的氛围。回忆起来，她的童年很愉快。很小的时候，她就会去图书馆看书，是当时图书馆接待的最小的读者之一，也是常常跑图书馆去看书的为数不多的非洲裔小朋友之一。从那时起，图书馆与她结下了不解之缘。当时，她与图书馆员接触不多，都是自己挑选书籍。她出生时，没有受太多种族言论的负面影响。她求知若渴地从身边人和书本中汲取知识，哪怕她身边所有的老师，都是非洲裔美国人。由于隔离政策，琼斯只能接触到非洲裔美国人，但是她从非洲裔美国人的身上学到了很多。上高中时，她就萌生了想当小学老师的愿望，即使她了解到非洲裔教师的薪水会比同龄同职位的白人要低很多，也不曾动摇[70]。

  在哥哥的启发下，琼斯离开了种族隔离很严重的家乡，选择了另外一所远离家乡的学校——马奎特大学（Marquette University）。在这里，她成了学校为数不多的6位非洲裔学生之一。随后，琼斯转学到亚特兰大的斯佩尔曼（Spelman）学院，并改变了她的志向。结合英语和历史专业背景，她意识到自己比较适合成为一名图书馆员，而不是老师。琼斯不仅很有主见，也很有才华。老师发现琼斯打字速度快，就为她在亚特兰大大学图书馆，谋得了一份打字员的差事。图书馆的同仁们都鼓励她成为图书馆员。于是，她一直在那里工作，并且同时拿到了斯佩尔曼学院文学学士学位。1938年，她从密西根大学安娜堡分校（University of Michigan, Ann Arbor）毕业，获得图书馆学的学士学位。

二、工作给力，抗压能力强

毕业后，她先后在新奥尔良迪拉德（Dillard University）大学和路易斯安那巴吞鲁日南方大学（Southern University, Baton Rouge）的图书馆工作。1944 年，琼斯到底特律公共图书馆入职，当时她是该馆建馆 79 年来第 3 位被雇用的非洲裔美国人。1970 年，她成为美国公共图书馆体系内的第一位女馆长和第一位非洲裔馆长。当时有两位图书委员会的成员退出了馆长竞聘，曾和琼斯一起共事的同事回忆说，有很多种族主义者就认为琼斯如果没有别人的退出是不可能赢得馆长的职位。于是，文章开头描述的那一幕发生了。琼斯是怎么回应的呢？简单来说，就是忽视他们，把精力集中于年轻的专业化馆员队伍的培养上。那些带着新想法且不带种族主义偏见的人才被吸纳到底特律图书馆。当时，专业人士被人冠以先生、女士或小姐的称呼本是很平常的，她却需要抗争才能争取来，不然就被人直呼其名。

1972 年，她在底特律公共图书馆建立了一个社区性质的信息和参考系统，叫作"信息点"，后来这成为其他图书馆竞相学习的范本，在全国范围内推广。当时没有谷歌，信息点就类似于谷歌这样庞大的一个体系。目前，该馆还在使用它，因为它能够帮助人们与各种机构取得联系。该系统包含了所有不同代理机构和非政府组织的信息，公众能利用这个平台获取相关信息。美国图书馆协会时任主席当时赞叹道："琼斯真的是一个太棒的领袖模范！当我回顾过去近 40 年在美国图书馆协会的职业生涯，我感谢琼斯。她确实是一个非常慷慨、鼓舞人心的领导者。她鼓舞和感动了很多人，包括很多工作之外的人。当她引领底特律公共图书馆时，她专业化的贡献将会延续下去。"

此外，她还出版了自编的教材《公共图书馆信息和参考咨询服务》

(*Public Library Information and Reference Services*)，并于 1978 年获得荣誉博士的称号，以及美国图书馆协会的最高荣誉——"荣誉会员"的称号。琼斯对知识和平等的追求，不仅局限在公共图书馆体系。她还希望能够直接影响整个社区的发展。1924 年，她在加利福尼亚州成立了一个名为"非洲裔妇女搅动水流"的对话团体（Black Women Stirring the Waters）。在这个团体中，成员们分享各自关于种族和性别的观点，所涵盖的领域包括教育、人文、政治、媒体、文学、健康历史、基因、文化、技术，商业社会和经济趋势以及国外的政策等[71]。

三、力排众议，反对歧视

1976—1977 年，琼斯成为美国图书馆协会的第一位非洲裔主席[72]。这一次，不再有游行示威的反对。任期内，她力排众议，通过了"有关种族和性别意识的解决方案"，敦促美国的图书馆对读者和员工面临的种族和性别相关问题加以重视。当时，美国图书馆协会的智识自由小组以方案表述不清晰为由，要求撤销方案。"这个方案体现的精神不是为了加重压迫的负担，而是一种解放。如果方案不够完善，就尽力去完善，而不是首先想到去摧毁它！"她这样回应那些要求撤销方案的人。

时任总统吉米·卡特（Jimmy Carter）任命她为全国图书馆和信息科学委员会的负责人，任期从 1978 年到 1982 年[73]。距离她在 1970 年成为底特律的公共图书馆的馆长，已经过去了整整 8 年。从公共图书馆的第一位非洲裔馆长到美国图书馆协会的第一位非洲裔主席，她始终鼓励采用平等的、不带歧视的态度，致力于解决种族和性别歧视的问题。

琼斯的履职终有卸任的一天，但她鼓舞人心的事迹，不屈不挠的精神却将始终令人难忘。近 40 年的职业生涯，琼斯的确实现了自己最初的梦想——成为先锋，实现了自己让世界变得更美好的愿望。在图书馆学的专业化领域，她的所作所为为更多的有志之士提供了一条成功的路径，激励他们克服各种歧视，努力实现种族和性别的平等。

定标准

国有国法、家有家规，行业发展也不例外，所谓"不以规矩，不能方圆"。标准的建立不会是一蹴而就，更不可能一帆风顺、一劳永逸。看看她们都经历了什么。

莎拉·博德·阿斯丘（Sarah Byrd Askew）（1877—1942）

开福特车，共享图书的新女性

如今，共享单车、共享汽车遍布大街小巷，共享的意识创造了很多从未有过的商业模式，也给人们的生活带来了便利。其实，共享并不是一个全新概念，早在19世纪末到20世纪初，在那没有先进技术加持的年代，一位普通的图书馆员已经开始思考如何实现共享创新。

莎拉·博德·阿斯丘出生于1877年2月15日。大学毕业后她的第一份工作是速记员。当她去拜访姐妹时，曾在俄亥俄州的克利夫兰公共图书馆短暂地工作了一段时间。爱读书又乐于助人的莎拉认为图书馆员的工作特别适合自己。于是，她决定将图书馆员作为职业，重返校园学习图书馆学。

1904年，阿斯丘从纽约的普拉特学院（Pratt Institute）的图书馆学与情报学学院毕业。1905年伊始，她成为新泽西公共图书馆的图书馆员[74]。她认为图书馆是对于看书的人来说最经济、最便捷的场所。图书馆员的职责就是要让公众了解图书的价值并通过阅读来收获知识和欢乐，而且要说服公众来到图书馆。当时的新泽西州总计仅66座图书馆，怎样才能让更多的人读到书呢？她上任的第一项工作就是去拜访州内的各家图书馆，向他们介绍如何将图书馆现代化，并为州内的图书馆员开展夏季培训项目制订计划。优质的图书馆服务必须由专业的图书馆员等工作人员提供。1906年，她创建了面向全州的图书馆员的夏季学校培训课程。课程持续四到六周，主要是为未接受过专业培训的偏远地区的图书馆员提供基本的业务培训，图书馆员们也可以借此机会交流、分享专业知识、技能和经验。该课程后来被新泽西州教师学院纳入课程体系，她仍积极热情地参与其中。对于那些无法来参加课程培训的图书馆员，她会开设分课堂，将有针对性的讲座和新鲜的图书馆技术普及内容带给他们[75]。

为了让更多的民众热爱阅读、来到图书馆，除了专业的图书馆员，还需要提高和优化图书馆的服务质量。

当时很多偏远地区没有当地的县图书馆或者郡图书馆。怎样才能让那里的人们也能看书呢？共享的萌芽开始在阿斯丘的脑海中萌发。1920年，阿斯丘设计了最早出现的流动书车。她把300册左右的图书装到坚固的木箱子里，然后开着自己的福特汽车将这些书箱运到各个社区的聚集点。很快，她就发现了不同社区的阅读差异，然后根据不同地区的特色和群众需求来配置图书，也许这就是图书馆领域开展的最早的定制化和个性化服务。

那么，图书馆之间，能不能实现图书共享呢？1913 年，阿斯丘将载有特色馆藏的图书运往纽约和康涅狄格州的图书馆。这就是早期的馆际互借。

第一次世界大战期间，在海外的军营和医院里，人们都能看书。阿斯丘把书运到海外，送到士兵们的手中，以阅读带给人们慰藉。她组织的这项服务颇受欢迎。到了第二次世界大战时，她仍然没有停下脚步。

无论是给偏远地区的居民送书、给前线的士兵送书，还是实现图书馆之间的图书交换，阿斯丘始终践行图书共享、鼓励全民阅读。在四处送书之余，她还将热情倾注于笔端，开始撰文、写书。她发表并出版了大量的学术类文章和图书。

要扩大影响力，要奔走呼吁、要发出自己的声音，也需要一个有影响力的平台，以及更多的支持。纵观阿斯丘的职业生涯，她得到了州教师协会、联邦妇女俱乐部等当地组织和个人的大力支持[76]。1918—1939 年，她效力于美国图书馆协会。1938—1939 年，她担任该组织的副主席。1924—1929 年，她担任国家父母教师大会的儿童阅读分会的主席。自 1923 年起，她效力于特伦顿教育委员会，长达 10 年之久。到 1942 年她离世时，新泽西州的图书馆数量已经达到了 316 座[77]。

从 1905 年到 1942 年，阿斯丘的整个职业生涯都奉献给了图书馆，她致力于更好推动图书馆走进大众，鼓励大众走进图书馆、爱上阅读。从 66 座到 316 座，她用一生见证了数百座图书馆的从无到有。也许当时社会还没有大力倡导共享的理念，但是她的所作所为却很好地诠释了朴素的共享精神。时至今日，共享理念依然深入人心，也许只需要从迈出一小步的实践做起，就会产生如星火燎原般的深刻变化。

卡洛琳·海温斯（Caroline Hewins）（1846—1926）

改变，从我做起

2017年，第83届国际图书馆协会联合会（以下简称国际图联）的年会上，时任国际图联主席格洛里亚·佩雷斯·萨尔梅龙（Glòria Pérez-Salmerón）在其履职演讲中，提出了"图书馆：变革之动力"这一议题，强调在社会发展中，图书馆所发挥的引领和创新的作用。在2018年的全球年会上，她指出全球的图书馆员是"变革的动力"，并号召大家"做好准备，全力以赴。这是我们的职责和机遇。因为图书馆会把社会塑造得更美好、更公正、更强大、更多样"。纵观历史，不乏令人钦佩的图书馆人。他们以身作则地履行着变革的使命，使世界变得美好。卡洛琳·海温斯就是这样一位致力于改变的图书馆员[78]。

在她所处的年代，图书馆不对儿童开放。可是在她看来，儿童阅读至关重要。图书馆就是儿童进行阅读活动的天然场所之一。正所谓，不想被世界改变，就去改变世界。通过她的一系列努力，图书馆开始增设儿童阅览室，如今有了专门面向儿童的图书馆。这个看似简单的举动，不是一蹴而就实现的。来看看她是怎么说服图书馆界和全社会接受儿童走进图书馆的。

首先，简要介绍下海温斯的出身。她的父亲是一位富商，通过努力打拼为妻儿和整个家族提供了优越的物质保障。卡洛琳家中共有9个兄妹，她排行老大。从小，她就是个孩子王。

小时候，海温斯爱读书，尤其喜欢民谣、童话以及英国经典文学、希腊、罗马和欧洲传统文学等。她把书中的故事讲给弟弟妹妹们听，讲完故事，再接着读更多的书，读完继续讲如此反复。渐渐地，海温斯既积累了阅读量，又分享了故事，锻炼了口头表达能力。

长大后，海温斯接受了系统的图书馆员培训，开启了图书馆员的职业生涯。她在工作中发现图书馆是不允许儿童入内的。可以想见，从小就爱和小朋友们一起阅读、讲故事的她，一想到那些家里缺书、没书或听不到故事的小朋友们，心中作何感想。当时的图书馆，设立了资金方面的门槛：图书馆人均注册费是 3 美元，一次只能借一本书。这样的性价比实在难以吸引读者。她做出改变的第一步，就是与当地学校合作，鼓励将孩子的注册费降到以美分来算，用优惠的价格进一步吸引家长。与此同时，海温斯借助当地媒体和专业图书馆期刊的力量，呼吁家长们尽量把孩子们带到图书馆来，告诉他们在图书馆可以和孩子一起看书，可以挑选到能激发孩子们想象力的好书[79]。

改变的第二步，发现更多志同道合的图书馆人。1882 年，卡洛琳召集了一批很有想法和创新意识的图书馆人，了解他们在鼓励小朋友们读书方面在做的尝试。结果失望地发现，收效甚微、没什么大动作。于是海温斯在给美国图书馆协会的报告中，呼吁更多的图书馆人关注儿童阅读，让更多的图书馆向儿童敞开大门。

能为儿童发声的人，必然是一位了解和理解儿童的人。海温斯发起改变的第三步就是自己拿起笔，创作儿童作品，让自己的作品与孩子们为伴。夏天的时候，她和侄子一起出国旅游，给家乡的小朋友写信。这些信先是发表在当地的报纸上，后来结集成册于 1923 年出版，书名为《一个旅行者写给孩子们的信》（*A Traveller's Letters to Boys and Girls*）。1882 年，她发表了《年轻人的书》（*Books for the Young*）。这是一本有影响力的指南，也是图书馆可供儿童使用的推荐书籍清单。这是第一本供儿童使用的参考书目，许多图书馆馆员和书商都在使用它，后被美国图书馆协会选中并修订。1888 年，她在《大西洋月刊》（*Atlantic*）上撰文，呼吁文学界对儿童文学的关注[80]。

值得一提的是，海温斯还有收集各地玩偶的爱好。旅行时每到一个地方，她都会去买一位当地的特色娃娃。过年时，她会把娃娃藏品都搬出来，举办一个新年接待日。小女孩们可以带着她们的圣诞娃娃一起来参观、玩耍。时至今日，她的娃娃藏品还陈列在哈特福德公共图书馆[81]。

海温斯是美国图书馆协会第一批会员，也是第一位在年会上发表讲话的女性。她还在 1900 年帮助美国图书馆协会创建了儿童服务部，以便成员更好地为儿童读者服务，并大力支持儿童图书馆员的专业培训学校的建立。

1926 年 10 月，海温斯去纽约公共图书馆参加该馆儿童部举办的万圣节活动。当时已经是 80 岁高龄的她，仍然活跃在儿童阅读推广的一线。同年，她在家中病逝。可以说，她为儿童阅读奉献了一生，奋斗到了最后一刻。她的智慧、活力、对儿童的饱含深情的关爱和激励影响了很多人。第一位面向儿童的书店的创始人、儿童文学学术期刊的创办者、《号角杂志》（*The Horn Book Magazine*）的创办者以及第一批儿童图书编辑都视其为偶像。《美国图书馆》把卡洛琳·海温斯列为"我们在 20 世纪拥有的 100 位最重要的领导者之一"[82]。

下一次，当我们带着小朋友走进图书馆时，当我们在图书馆看到在书架边看书的小朋友时，我们也许会想起这位曾为这一切奉献了一生的图书馆员，我们也许也会想要做一些让这世界变得更美好的事。

夏勒梅·希尔·罗林斯（Charlemae Hill Rollins）（1897—1979）

百年前的意见领袖是怎么炼成的

当今社会，微博、微信上坐拥百万级粉丝的知名博主、自媒体人在社交网络乃至现实生活中都具有不可小视的影响力。这些人社会影响大，发表的见解动辄产生"10万+"的阅读量，能带来话题的快速传播、引发全民热议。借用消费行为学领域的概念，我们称其为意见领袖。百年前，也有这样一位"意见领袖"，她关注的是什么，又是如何赢得公众认可的呢？

一、开局平淡

1897年，夏勒梅·希尔·罗林斯出生于美国密西西比州的农村。小时候罗林斯家境贫寒，但是在她的回忆中，生活温馨又愉快，对她影响最大的是她的奶奶。奶奶曾经是奴隶，但是很有眼光。之前雇主留下的一屋子藏书，她没当废品卖掉，也没有束之高阁，而是邀请儿孙们一起来阅读。罗林斯回忆说，我们很喜欢在那间私人藏书室看书。虽然很多都是医学类书籍，但是我想什么时候读就能什么时候读，想在哪读就能在哪读。这些书籍所带来的欢乐慢慢地融入了罗林斯的心中。从奶奶领着她走进那间私人藏书室开始，她爱读书的习惯便慢慢形成了。

罗林斯的母亲也不简单。她是当时社会上第一批黑人教师。在这样的家庭氛围下，罗林斯高中毕业后，考取教师资格证，在家乡执教。之后，她上大学、结婚生子。日子过得充实、平淡，但与日后的意见领袖差距还很远。

二、深耕职场

转折发生在 1927 年。当时罗林斯全家已经搬去芝加哥，结合自己对图书和教书的兴趣，她成为芝加哥公共图书馆哈丁广场分馆（Hardin Square Branch Library）的儿童图书馆员。这家四年前刚刚成立的分馆，是芝加哥第一家坐落在非洲裔聚居区，服务于当地的不同社会阶层、拥有多元种族背景的人群的图书馆。在这里，她成了儿童部的负责人，并在芝加哥大学哥伦比亚学院接受了的图书馆学培训。之前只在霍华德大学上过一年课的罗林斯得以重返校园。最重要的是，她开始全身心地投入到儿童阅读服务中，从事儿童图书馆员工作 36 年。

"讲故事"成为她的日常，罗林斯认为讲故事能打破障碍、认识新朋友、将不同的人群聚集起来。把一个精彩的故事巧妙地讲出来，能让大家短暂地逃离饥饿；从遭受的仇恨和否定、各种不公正的现实中抽离片刻。虽然是奴隶的后代，但是她并没有自怨自艾，而是积极地向读者，尤其是向非洲裔美国人的后代传递温暖和希望。

当时的儿童读物中有关非洲裔的描述多是负面的。20 世纪初，面向青少年的大部分的文学作品中，对非洲裔的描述充满无礼且暴力的方言。虽然全国范围内很多图书馆并没有执行种族隔离的相关规定，但是他们也并没有邀请非洲裔族群来借阅、使用图书馆馆藏。罗林斯意识到帮助非洲裔美国儿童正确认识自己的身份、了解种族的历史的重要性，她希望小读者们接触的读物能够真实地反映非洲裔美国人生活的方方面面。她觉得"孩子们渐渐长大，需要了解别人的生活"。当时的美国社会，虽然已经废除奴隶制，但是种族隔离现象仍然存在。既然孩子们没法在现实生活中通过与他人接触获得包容，也就无法得到其他种族的理解和同情，那就寄希望于"通过阅读合适的书籍，获得包容和理解"。

她呼吁芝加哥公共图书馆的馆员们行动起来，把这些有不实描述非洲裔美国人的图书从图书馆下架，并且号召大家写信给出版商，呼吁提供能真实反映非洲裔美国人生活面貌的儿童图书。

她成立了"非洲裔美国人历史俱乐部"，帮助儿童了解非洲裔美国人先辈们做出的种种贡献，让他们树立自信，不要被片面的言论所影响[83]。

为了获得广泛的关注和帮助，她鼓励儿童的家长和教师都积极关注儿童读物。她组织了一座"阅读指导诊所"，为家长们服务。她还与当地的教师组织密切联系。尽可能地让儿童利益相关者乃至整个社会都关注儿童阅读，尤其是非洲裔儿童的阅读情况。

罗林斯研究并收集各种资料，致信出版商，让他们重视有关非洲裔美国人历史和文化的书籍的出版需求。在哥伦比亚大学求学期间，她将有关非洲裔美国人的图书作为自己的研究重点，并以儿童图书中的非洲裔美国人为主题发表论文。渐渐地，她的儿童文学评论者的身份得到了认可。她被吸纳为芝加哥公共图书馆的馆藏咨询委员会的成员。她将自己通过研究筛选出的书单与儿童图书馆员们分享。这个书单后来演变成为首批面向儿童的有关非洲裔美国人的文学作品推介出版物之一。1941年，她的第一本书面世了——《我们一起建设：面向中小学读者的有关黑人生活的文学作品的阅读指南》（*We Build Together: A Reader's Guide to Negro Life and Literature for Elementary and High School Use*）。该书使得非洲裔小朋友能够通过阅读获得认同感，其他族裔的小朋友能够了解非洲裔如何生活。她相信积极的非洲裔文学能激发不同种族间的包容，打破之前刻板的印象[84]。

三、扩大影响

该书一经出版，大获成功。罗林斯成为儿童文学领域的一位领军人物。最直接的变化，体现在从她给出版商写信到出版商主动给她寄样书。出版商开始重视罗林斯、其他非洲裔图书馆员和教师的评价。从事黑人文学创作的作者也给她寄送手稿，希望听取她的意见和建议。她还应邀加入图书奖项的评委会。

杂志社向罗林斯约稿，很多大学和专业机构邀请罗林斯去做演讲，她还曾到芝加哥的罗斯福大学教授有关儿童文学的课程。她还同时活跃在行业内的多个组织中。1957 年，罗斯林当选为美国图书馆协会儿童服务部的第一位非洲裔主席。1972 年，该协会授予她终身荣誉会员称号，她是获此殊荣的第一位非洲裔美国人[85]。

退休后的罗斯林没有在荣誉面前止步，仍然热心于非洲裔儿童的文学事业，并继续投身创作。1963 年，她出版了《圣诞礼物，圣诞节由黑人创作或与黑人有关的诗歌、歌曲、故事》（*Christmas Gif an Anthology of Christmas Poems, Songs and Stories Written by and about Negroes*）。随后，《他们领路：40 位美国黑人领袖》（*They Showed the Way: Forty American Negro Leaders*）（1965）等传记相继出版[86]。

纵观罗林斯一生，这位令人钦佩的意见领袖，依靠自身踏踏实实的努力，从毫无话语权的少数族裔的图书馆员，成长为能左右出版商的意见领袖。她不仅激发了非洲裔美国儿童文学作品中的正能量，她本身也为无数非洲裔美国人带来了满满的正能量。

米尔德里德·L. 巴切尔德（Mildred L. Batchelder）（1901—1998）

被辞退，受指责的富二代，开启艰难模式是为了什么？

随着 80 后、90 后成家育儿，亲子阅读成为众多新手父母必须修习的一项新技能。面对书店和图书馆里琳琅满目的儿童读物，选择优质绘本的一个常见标准就是看这本书是否获得过儿童文学类的相关奖项，毕竟经历过专家和业界认可的书籍是有品质保障的。在众多奖项中，"米尔德里德·L. 巴切尔德奖"是为了纪念米尔德里德·L. 巴切尔德，一位儿童图书馆服务协会的前执行理事。她奉行的是翻译好书对于世界各地的儿童而言至关重要[87]。

巴切尔德，1901 年出生于美国的马萨诸塞州林恩市。父亲是商人，母亲是教师。她是家中长女，还有两个妹妹。父亲拥有一座小岛。作为岛主的女儿，米尔德里德拥有非常幸福的童年。每到夏天，全家就去小岛度假露营。成年后回忆童年时，她称那里是世界上最令人激动的地方。他们白天在森林里探险。探索大自然。到了晚上，他们就偎依在母亲的身旁，听她讲故事。巴切尔德既能够通过亲近大自然获得自然科学知识的启蒙，又可以在母亲的教导下，接受文化熏陶。其他的时间，她们会进城，去波士顿看话剧、看电影，买很多自己喜欢的书。

一、初入职场攒经验

受这样优越的家庭教育的影响，巴切尔德 17 岁的时候就考上大学。在纽约州图书馆学校接受图书馆学的本科教育时，她参加了为期一个月的面向儿童的实践服务。虽然之前没有过类似的工作经历，但是全身心地投入锻炼了她的实践能力，收获颇丰。这段经历也成为她大学期间颇为重要的一段经历，对其之后的职业发展产生了深远的影响。

虽然童年和少年生活都顺风顺水，但是职场生涯却并没有那么顺利。23 岁的时候，她成为奥马哈公共图书馆（Omaha Public Library）的管理员，主要负责 5 座分馆和 32 所学校的儿童图书馆服务[88]。她为员工开展专业培训班的课程，工作积极，充满干劲。她举办"儿童图书周"，介绍包含图书馆推荐的小册子，并且鼓励父母在自己的家里建立图书室，还邀请当地的女子出版俱乐部一起到图书馆举办音乐会等活动。这些活动在如今的图书馆看起来是平淡无奇，但在 20 世纪 20 年代中期，却是石破天惊之举。这样一位刚刚毕业没多久、年仅 25 岁的职场新人却已经大刀阔斧地进行了这么多的大胆的尝试和创新。三年的历练使巴切尔德成长为一位有经验也小有成就的图书馆员。她意识到要让更多的人重视儿童阅读的重要性，便决定跳槽去教师学院。她的优点并没有得到老板的好评，一年后，便遭到解雇，据说是她不够"圆滑"。

二、专注儿童阅读服务

幸运的是，1928 年，巴切尔德成为一所中学的图书馆员。这所学校办学理念先进，教职团队友好融洽。这样的环境给了她施展抱负的大好机会。她认为学校图书馆员扮演着非常重要的角色。与在固定年级授课的老师相比，后者可能只会陪伴孩子一年的时间，但是图书馆员却能够与孩子建立很深刻的、长期的联系，可能从小学一年级一直延续到高中毕业。

此外，学校图书馆在晚间作为社区的图书馆向公众开放。这座图书馆服务师生和社区民众的双重定位使得巴切尔德有机会与当地公共图书馆的馆员们共事。她非常珍惜这样的机会，这段不可多得的工作经历，也让她有机会了解到学校图书馆和公共图书馆的差异。

为了更好地开展图书馆的服务，巴切尔德一面积极提升自己的知识水平，参加大学的夏季课程；一面踊跃参与美国图书馆协会的活动，积累工作经验，积攒人脉资源。当美国图书馆协会需要一位来自学校图书馆的馆员时，巴切尔德把握住了这次机会。她工作出色，一年后就晋升为该协会的学校和儿童图书馆分委会的主席。作为把书籍带给儿童的使者，她在美国图书馆协会工作了30余年，她鼓励和推动世界上最好的儿童文学作品的翻译工作。她一生的工作都围绕消除不同文化、种族、国家和语言之间的理解障碍。

巴切尔德首次意识到了儿童文学作品中的多元文化。在她看来，书籍对促进民主和世界和平至关重要。因此，自1937年，她开始了她的第一次国际交流的行动，即拉丁美洲项目。这个项目旨在揭示中美洲对文学的巨大需求，而巴切尔德认为，通过向世界各地提供原著译本，可以从国际视野理解儿童阅读。她希望确保世界各地的好书都能以不同的语言被儿童阅读[89]。

巴切尔德认为，各个国家的儿童都应该能够阅读他国的优秀儿童读物的译本，原因有以下四点：

第一，任何国家的儿童都能通过阅读来自其他国家的书籍和故事，获取对世界的启蒙认识；

第二，了解一国的经典故事为人们创造了一种理解文学遗产的模式；

第三，当孩子意识到他们正在读的这本书，也在被其他国家的孩子读，会萌生出与其他国家小读者的亲近感；

第四，各国通过翻译来交换儿童读物，能增强两国人民的了解。如用于交换的图书是值得翻译的好书，潜在的交流会更加深刻、丰富且更富有同理心和耐心。

三、国际视野看儿童文学

在巴切尔德看来，儿童文学作品在任何文化中都不应该被忽视。当她得知拉丁美洲的儿童接触的最多的书只是课本的时候，感到非常难过。因此在 1937 年，她首次发起"拉丁美洲项目"，旨在揭示这些地区儿童对阅读的巨大需求。她认为通过翻译书可以将优秀的文学作品传到世界各地，并希望全世界的孩子都能够接触到好图书和好故事。1966 年以她的名字命名的奖项设立，该奖项旨在奖励美国的出版商，将优秀的非英语作品翻译成为英语作品。

1939 年芝加哥出版社列出了计划出版关于图书馆方面图书的纲要，巴切尔德受邀与纽约公共图书馆的馆长及国会图书馆的相关工作人员一起撰写其中一章。巴切尔德的文章标题是《1970 年的学校图书馆的服务》，通过描述当时图书馆应该具备的场景来畅想明日图书馆。这篇被誉为具有前瞻性的明日图书馆纲要中，她认为电影微缩胶卷等媒介都可以用作实现图书的借阅，这些非印刷品可以与图书馆的其他图书资源一起为读者服务。图书馆在未来能够借阅的范围将从图书扩展到其他各种媒介资源。除了关注图书馆发展趋势，她还关注种族问题，努力为少数族裔妇女去争取权利。

从学校图书馆到美国图书馆协会，从重视图书馆儿童阅读服务到从全球视野看儿童文学译本的重要性；从实践中不断突破创新到理论上做出大胆的趋势猜想。当年的那个小岛少女心中，也许真的许下了征服星辰大海的宏图大志。心有多大，舞台就有多大。一步步走来，正因为拥有为儿童等弱势群体发声的强大信念和对儿童文学的持续关注，才让她在职场走得如此长远。1999 年 12 月，巴切尔德被《美国图书馆》杂志

（*American Libraries*）评选为"我们在 20 世纪最重要的 100 位领导人之一"。

2019 年，由美国图书馆协会设立的"米尔德里德·L. 巴切尔德奖"（Mildred L. Batchelder Award）的获胜作品是《秋千上的狐狸》（*The Fox on the Swing*）（泰晤士和哈德逊公司联合出版，2018 年）。这本书是由伊芙琳娜·达奇（Evelina Daciūte）著，并由奥苏拉·基乌多拉岩作插图，立陶宛语原版，翻译由美国图书馆协会授权翻译局承担。入围该奖项提名的四本书中，我们欣喜地看到了其中一本来自中国。这本名叫《我的北京：四个平常中见奇迹的故事》（*My Beijing*：*Four Stories of Everday Wonder*），中文原版图文均由聂峻创作，法文版由爱德华·高文（Edward Gauvin）翻译。主人公玉儿是一位勇敢坚强的小姑娘，和她的祖父一起经历着各种如时空穿越的奇遇。这部令人赏心悦目的图画小说可以让读者们对生活在中国的孩子们每天的生活知晓一二，同时还融入了时空穿越的元素。因为残疾让玉儿失去了行走的能力。她的祖父给予了她无微不至的照顾。但他俩每天的生活都充满了需要开动脑筋解决的难题以及各种神奇的境遇。此书将现实和幻想结合得非常完美，有点宫崎骏电影的味道，但充满着甜蜜的小幸福[90]。

下一次，当我们讲完故事合上绘本时，也许可以尝试讲一讲那些绘本奖项纪念者的故事。

玛格丽特·A. 爱德华兹（Margaret A. Edwards）（1902—1988）

奖项背后的故事（一）

在国际图书馆界有不少的奖项以人物命名。很多时候，我们会关注获奖者的生平和作品，却忽视了奖项的命名者本身。命名者自身与奖项有什么关联，为什么要以他们的名字来命名？下面就通过了解奖项以及命名者，来了解这些有关奖项的精彩故事。

1986年，在出版学校图书馆期刊的出版商内夫·A. 帕尔曼（Neff A. Perlman）的建议下，学校图书馆杂志青少年作者奖项设立，该奖项的评选由美国图书馆协会（ALA）的青少年分委员会执行。1988年，该奖项开始颁发，后来更名为"玛格丽特·A. 爱德华兹奖"（Margaret A. Edwards Award），旨在表彰关注青少年的在世作者或者共同作者，以纪念他们为青少年文学创作做出的突出贡献。该奖项过去两年颁发一次，现在每年一次[91]。

"玛格丽特·A. 爱德华兹奖"的评选委员会基于以下五个方面对参评的图书进行评选。

第一，该书是否帮助青少年开始意识到他们自己，帮助他们意识到自己在人际关系、社会和整个世界中他们的角色和重要性？

第二，该书的文学性是否上乘？

第三，该书是否能满足年轻人的好奇心并帮助他们建立起有深度的、有关生命的哲学知识体系？

第四，该书目前是否在美国的很多地区都受到青少年的欢迎？

第五，该书能否作为青少年看世界的"窗口"？

不难看出，该奖项紧紧围绕青少年的阅读和成长的需求展开，充分体现出对青少年这一阅读群体的高度重视。而这一切要从奖项命名者玛格丽特·A. 爱德华兹说起[92]。

一、为青少年正名

1932 年，爱德华兹开始在巴尔的摩的伊诺克·普拉特自由图书馆（Enoch Pratt Free Library）工作。直到 20 世纪中叶，"青少年"这一概念才开始被提出，以区别于儿童和成年人。爱德华兹敏锐地意识到，青少年对图书馆的需求应该与儿童和成年人用户不一样。而在此之前，青少年群体不仅没有引起足够的重视，而且并不受图书馆的欢迎。曾有人撰文称青少年是"一群野兽"，如果图书馆这个大花园向他们开放可就要遭殃了。爱德华兹对此却不以为然，借用上述比喻写了本书叫《美丽的花园和成群的野兽》（*The Fair Garden and the Swarm of Beats*），旗帜鲜明地驳斥了这一观点。该书回顾了她的日常生活和职业生涯中的重要经历，以及这些经历是如何塑造她的世界观的。书中，她分享了自己对青少年群体的看法，比如他们需要什么样的书，作为馆员如何与青少年接触等。该书 1969 年首次出版，并于 1974 年、1994 年和 2002 年再版[93]。

二、为青少年服务

爱德华兹上任后的第一件事就是去搜寻青少年读者所感兴趣的小说，来丰富藏书，建设特色馆藏资源。在扩充资源的过程中，她意识到自己的文学素养和知识储备不足，急需提升自己的文学素养，从而才能够更好地去理解年轻人，去利用书籍充实滋养年轻人。她开始广泛深入的阅读，将自己看成一位普通读者，为自己推荐图书。她从现有的馆藏中找寻出适合年轻人阅读的图书资源，并将其进行整理。截至1940年，她已经在图书馆建立起面向青少年读者的阅读馆藏，就相当于今天的图书馆的特色资源库。这一举措为来图书馆的青少年读者提供了很大的便利。

爱德华兹认为，一位合格的能服务于年轻人的图书馆员自己先要进行广泛的阅读。只有达到一定的阅读量，才有资格为读者们提供书籍的推荐服务，尤其是面对不同需求的读者，以及对图书一点都不感兴趣的青少年。于是，她建立了一个青少年图书馆员的培训项目——馆员阅读团。所有团员都必须完成指定书目的阅读，一般十本为一个单位，读完大家便开始讨论。然后进行下一个十本。如此往复，直至每人读完约两百本书[94]。

图书准备好了，馆员也完成了培训，接下来就是让青少年来读书了，让他们认可图书馆的价值。她和馆员一起准备"说书"活动，他们直接走进学校，到课堂，和学生们一起讨论书单里的各种话题。在与青少年面对面的交流中，收获他们的反馈，共同设计出符合他们口味的"说书"书单。虽然在前期准备中，说服学校让图书馆员进入课堂颇费了一番周折，但活动受到了青少年的热烈欢迎和积极回应。

除了去学校，爱德华兹还赶着租来的马车，驮着成捆的图书走街串巷，把书送到那些偏远的街区，让那些不方便来图书馆借书的青少年也能够看书。她发现那些频繁光顾图书马车的读者，大多都是对阅读很有热情。但是当他们自己去了图书馆，却会因为缺乏指导，找不到自己心仪的图书。在"图书马车"上，她会有意识地根据读者的需求送来一些他们感兴趣的图书。

爱德华兹始终关注如何为青少年推荐图书，如何更好地服务青少年读者。她积极参与美国图书馆协会会议和青少年阅读分支机构的事务，让更多的业内同行和全社会都开始重视青少年文学创作。在其大力倡导下，不止图书馆，学校、出版社和整个社会都越来越关注青少年群体，开始重视他们的阅读需求。所谓念念不忘，必有回响。正是因为她全身心地投入青少年阅读推广、始终心系青少年阅读需求，人们便以奖项命名的方式来提醒和勉励后来者，继续不忘使命，为青少年贡献更多更优质的文学作品。1957 年，爱德华兹因成绩卓著获得美国图书馆协会颁发的"格罗利埃"奖（Grolier）。

海德威·阿努尔（Hedwig Anuar）（1928—）

奖项背后的故事（二）

另一个有故事的奖项是设立于 2011 年的"海德威·阿努尔儿童图书奖"（Hedwig Anuar Children's Book Award）。该奖项由新加坡国家图书发展委员会颁发给新加坡公民或永久居民，表彰他们创作的优秀儿童图书。这一奖项每两年颁发一次，现金奖励为 10000 美元，由作家和插画家共享。该书如果有译文版，则奖金由作家、插画家和翻译人员平分。该奖项旨在发掘本土儿童文学从业者、促进并推广新加坡的儿童文学。奖项以海德威·阿努尔为名，是为了纪念这位新加坡国家图书馆的馆长，表彰她在促进儿童文学和阅读推广服务方面的杰出贡献[95]。

一、爱公益、爱学习

阿努尔出生于马来西亚柔佛巴鲁镇。1937 年，全家搬到新加坡。她的父亲是一位校长兼教师。家中藏书丰富，阿努尔从小就爱在家读书，自认为是个小书虫。新加坡被日本占领期间，她也没有放弃学业，一面自学，一面创办了一份名为《青年思想》的新闻通讯，还发行出版了一本名为《光》的杂志。她积极地传播知识和文化，在战争期间担任救济教师，辅导学生们的英语。

1951年，海德威获得新加坡马来亚大学的英语文化荣誉学位。1952年，她进入马来亚大学图书馆工作，踏入图书馆行业。1955—1957年，她获得马来亚大学校际委员会奖学金，在英国伦敦西北理工大学学习图书馆管理。学成归来，她继续服务于马来亚大学图书馆。

二、精益求精、完善服务

1962年，阿努尔成为新加坡国家图书馆助理主任，并自1965年起，担任馆长长达23年，促进了新加坡图书馆现代化的发展。

阿努尔一上任，就启动了移动图书馆服务，为那些农村地区的读者提供服务。为了推广这项服务，她在电影院定期放映有关移动图书馆服务的宣传片，让更多的人了解移动图书馆服务。她尤其注重面向青年人的服务推广，旨在促进和鼓励新加坡年轻一代成为图书馆的受益者。

阿努尔还开设了一档名为"我们的图书馆"的电台节目，每周会向听众推介图书馆。她撰文推荐新书、介绍图书馆的服务、分享书评。1966年，她还专门针对15~19岁的图书馆读者提供青少年服务。在她开创性的工作引领下，新加坡国家图书馆系统得到完善，从一家单独的机构发展到拥有9座分馆，注册读者数从43000名增加到330000名。她还发表了100多篇文章、报告和会议论文，其中1968年撰写的《马来西亚公共图书馆发展蓝图》被视为马来西亚发展公共图书馆的基础。

除了在国家图书馆的工作，阿努尔还效力于图书馆界的多个组织。1965—1975年，她担任新加坡图书馆协会图书馆合作和书目服务常务委员会主席。1969—1978 年，她担任国家档案和记录中心主席，从 1965 年起，她担任新加坡国家图书发展委员会名誉秘书[96]。

三、退休不休，关注老年女性群体

退休后的阿努尔，与新加坡国家图书发展委员会和妇女权利倡导组织，妇女行动和研究协会合作，继续致力于扫盲等社会服务。

阿努尔是妇女行动和研究协会的创始成员、阅读和扫盲协会的创始成员，并于 1989 年起开始为老年女性开设英语学习课程。谈起开设此课程的缘由，阿努尔解释道，"除了家庭和市场之外，有些女性不会去任何地方。她们不会阅读街道标识，不会搭乘公共汽车和出租车。因为看不懂英文。她们无法拨打简单的电话或填写表格。如果她们可以用英语阅读和写作，她们就可以更独立……我的一些学生甚至能去做兼职，不仅是因为她们掌握了英语，而且是因为她们变得更自信了。"为期三个月的课程结束后，很多学员会自觉地留下继续学习。阿努尔坦言，对于学生和老师来说，这三个月都是不容易的。但是一想到"三个月后，大家能用英语讲笑话、分享生活故事"，她就充满了动力[97]。

从建立移动图书馆到创办电台再到为老年女性上英语课，无论服务群体如何变化，始终不变的是阿努尔对妇女儿童这一特殊群体的关注，将扫盲、阅读推广作为使命。1969 年，她因对新加坡图书馆的贡献获得"公共管理奖奖章"（Public Administration Medal）。1993 年，她被评选为世界"年度女性"。2007 年，她获得新加坡图书馆协会颁发的终身贡献奖。纵然荣誉等身，她始终谦虚而冷静，"我不相信榜样。每个人都有不同的生活。每个人都面临着不同的挑战。"[98]

维吉尼亚·哈威兰德（Virginia Haviland）（1911—1988）

陪孩子读书的技能，你真的掌握了吗？（一）

2019年，美国《儿童与家庭阅读报告》（Kids & Family Reading Report）第七版问世。该报告由全球最大的童书出版社之一学者出版社（Scholastic）联合全球知名的调研公司YouGov，每两年发布一次[99]。报告的受访对象超过2000名，来自不同阶层家庭，充分考虑家庭收入、族裔的影响。报告对家长和孩子分别进行调研，从多角度揭秘造成孩子阅读能力差距的原因。报告指出，经常阅读的孩子，家庭平均藏书141本，是不常读书孩子家庭的2倍。可能在我们中国家长看来，这个藏书量没什么值得大惊小怪。但不为人知的是，美国孩子阅读资源大部分来自社区图书馆和学校图书馆。图书馆里不仅藏书丰富，还有很多富有经验的儿童图书馆员。今天，就来一起认识几位，也许她们在少儿文学、儿童阅读服务等方面的经验，会给大家提供借鉴、带来启示。

1911年，哈威兰德出生在美国纽约的罗切斯特，父母均来自家教很好的家庭。小时候，她就很爱读书，喜欢《爱丽丝梦游仙境》《彼得兔》《小妇人》[100]。

这里着重介绍一本名叫《海蒂》（Heidi）的童书，是瑞士儿童文学作家约翰娜·斯比丽（Johanna Spyri）的代表作，被视为世界儿童文学经典作品之一。天真善良、聪明可爱的8岁小姑娘海蒂被姨妈送到山上，跟性情古怪的爷爷住在一起。很快，她就爱上了山上的一切，爷爷也渐渐喜欢上了这个活泼可爱的小女孩。可不久之后姨妈又把她送到城里的一户人家去陪伴身有残疾的克莱拉小姐一起学习。那里虽然衣食无忧,海蒂与克莱拉也成为朋友。但女管家对她非常严厉,女仆也瞧不起她,最主要的是没有大山和自由,海蒂由此患上了思乡病。最后,海蒂终于又回到山上。而且,在她的感染与鼓励下,克莱拉终于重新站了起来[101]。哈威兰德曾回忆说,《海蒂》催生了小小年纪的她想去国外走一走看一看的愿望。幸运的是,她童年的大部分时光是在和两个姑姑一起出国旅行中度过的。早年的这段经历使得她长大后依然热爱旅行,乐于和不同地方的人交流合作[102]。

一、关注少儿阅读

1933年,哈威兰德从康奈尔大学的经济与数学系毕业。1934年,她成为波士顿公共图书馆的图书馆员。在参加了儿童图书馆员组织的儿童文学班后,她开始关注儿童文学和少儿阅读。在1980年的一次采访中,她回忆说,参加了培训班后,"我决定了,这就是我想干的。"她的儿童图书馆员的事业由此开启。1948—1952年,哈威兰德在波士顿的分馆从事儿童服务工作。1952—1963年,她成为少儿读者顾问,随后陆续参与并助力多个图书奖项的评选。美国国会图书馆在1962年邀请她主持建立少儿文学中心。一年后,中心落成并由她负责,她随后的近20年的时光就是在此度过的[103]。

哈威兰德为《华盛顿邮报》以及多家杂志社撰写许多儿童读物的评论,长达30年之久。她尤其不喜欢那些扭曲了故事情节和经典人物形象的现代作品。谈起她的童年读物,"我确信我读了很多垃圾读物。"她说,"时机对于孩子和他们的书来说至关重要。我很幸运,在正确的时间遇到了'爱丽丝'(《爱丽丝梦游仙境》)"。

二、研究少儿文学

早在 1946 年,哈威兰德就开始了少儿文学与阅读的专业研究,并在《波士顿公共图书馆手册:更多的书》中发表了《儿童和他们的朋友,作家》一文。同年,她还在《威尔森图书馆手册》和《美国图书馆》杂志上发表相关的论文。1952 年,她成为《号角图书杂志》的副编辑和评论员[104]。1954—1955 年,哈威兰德担任美国图书馆协会的儿童服务分委员会的负责人,积极参加国际儿童图书委员会、国际图书馆联合会、儿童文学文献中心的研究院的会议。

1953—1954 年,哈威兰德担任美国图书馆协会"纽伯里—卡尔德科特奖"项委员会(Newbery-Caldecott Award Committee)的主席,并在其他国内外多家专业组织履职,这些组织都肩负着挑选优秀儿童读物的重任。她挑选儿童读物的标准很高,她信奉"在合适的时候给合适的儿童读适合的书"。1957—1962 年,她在西蒙大学图书馆学院教授关于图书馆如何开展儿童服务和儿童阅读指导的课程,并随后出版了专著《儿童和文学:观点和评论》(1973)。她在 1976 年接受《华盛顿邮报》采访时说:"一本好书对孩子来说意义重大。这就是为什么他们要一遍又一遍地读或听[105]。"

三、出版少儿读物

1949 年,哈威兰德给新英格兰图书馆协会讲授有关儿童文学史上 19 世纪的游记的研究。哈威兰德认为,经典的少儿读物会在全世界范围内流传,比如《格林童话》《鲁宾逊漂流记》等。20 世纪 50 年代她开始征集全球童话故事,汇编成系列的儿童读物。1959 年,她的这一提议获得了出版商的支持,出版工作启动。她通过与世界各地的图书馆员、作家、权威机构等会面，征集童话故事，先后出版了来自法国、英国、俄国、印度、德国、瑞典、波兰、西班牙、冰岛、捷克、苏格兰、丹麦、日本、希腊、意大利、挪威的故事集。直到 20 世纪 90 年代中期，系列丛书规模仍在壮大。出版商还发行了《全球最受欢迎的童话故事》（*Favorite Fairy Tales Told Around the World*）单行本。

这套故事集的出版产了巨大影响。在此之前，各国的童话故事都是各自发行，没有形成规模和体系。内容不够丰富，插图也很少。在哈威兰德的努力下，世界各国的童话故事不仅能够汇集起来展现在儿童读者面前，而且丛书邀请了众多当代的插画师创作配图。16 个不同国家的故事，展现出了各自文化背景的人文气息，带有当地人民的思想和心灵的深刻烙印。这套故事集能够吸引并组织起图书馆员、说书人、作家等拥有不同职业背景、来自世界各地的人们，共同参与其中，其背后强大的组织协调工作功不可没。很多收录的故事年代久远、甚至即将失传，发掘这些故事的过程不仅需要具备深厚的文学底蕴和强大的文学鉴赏能力，还需要孜孜不倦的研究的精神和耐心。

哈威兰德长期关注少儿文学，为儿童和青少年发掘读物、指导阅读。多家机构向其颁发儿童文学相关的奖项。她国际化的视野使得美国的儿童图书馆和文学组织能够领先于时代和同仁。她还组织了由哈米什·汉密尔顿（Hamish Hamilton）出版社出版的《童话宝库》（*The Fairy Tale Treasury*）（1972）和《鹅妈妈宝库》（*The Mother Goose Treasury*）（1966）后者还获得"凯特·格林威"（Kate Greenaway）奖。

哈威兰德在儿童图书馆员的岗位奉献了 30 余年的时光，从普通馆员、分馆的员工，成长为少儿阅读的顾问、评选少儿图书的负责人，从波士顿的分馆到国会图书馆，从发表书评到参与童书的评选，再到全球范围内组织汇编童话书集，她的整个职业生涯始终关注儿童文学和童书阅读。我们无法统计有多少儿童从她的工作中获益，但是可以肯定的是，她的工作经历和敬业精神会启发并激励更多的人投身于少儿文学和少儿阅读的研究和推广，造福世界各地更多的少年儿童。

莉莲·H. 史密斯（Lillian H. Smith）（1887—1983）

陪孩子读书的技能，你真的掌握了吗？（二）

第二位儿童图书馆员来自加拿大，加拿大的多伦多公共图书馆于1995年设立了以她名字命名的图书馆分馆，足见她的影响力之广。我们一起来认识莉莲·H. 史密斯[103]。

1887年，史密斯出生于加拿大安大略省伦敦市，父亲是卫理公会牧师。史密斯就在图书和音乐的熏陶下长大，从维多利亚大学毕业后，接受了匹兹堡的卡内基图书馆儿童图书馆员的培训。1911年，史密斯开始在纽约公共图书馆的中心儿童室和华盛顿海茨图书馆工作。1912年，史密斯前往多伦多公共图书馆，成为当时的大英帝国第一位儿童图书馆员[107]。

一、扩充馆藏

1912年，多伦多几乎没有设置儿童部的图书馆。图书馆的儿童图书主要是靠捐赠，馆藏量很小。史密斯上任的第一件事就是建设高标准的儿童图书馆馆藏。她还去当地的学校参观，给孩子们讲故事，向他们介绍图书馆的儿童图书及服务项目。很快，周六早上的讲故事栏目变得颇受欢迎。

二、空间设计

1922 年，多伦多中心图书馆的一座老房子被改造成为儿童图书馆，取名"男孩和女孩的小房子"。这座 3 层的小房子划分了不同的功能区块，有专门的学习房间、行政区，还有整个一层供儿童使用。一间童话小屋里配备有儿童阅读的绘本，一间小剧场里安排有讲故事、读书会、木偶剧表演等活动。截至 1952 年史密斯退休时，这样的儿童阅览室已经在 16 家分馆建立起来。公共图书馆还和当地的 30 多所学校的图书馆合作。残疾儿童学校和儿童医院也在合作单位的名单中。史密斯对所有合作单位进行细致的监管，每周都会安排培训和图书筛选会议。

三、交流合作

史密斯在发展图书馆儿童服务方面，非常注重交流与合作。1920 年，史密斯在《多伦多公共图书馆年报》中写道，"10 月公共图书馆组织的男孩女孩工作大会是每年的一件很独特的事情。大会的目的是将所有从事儿童工作的组织密切联合起来，以加深对彼此工作认知和理解，这也将促进每个机构能够更有合作的意愿。"

四、研究理论

在 40 年的图书馆员的职业生涯中，史密斯开发了有关多伦多图书馆的儿童馆藏建设的指南。1931 年，她为儿童图书建立了图书馆分类系统，该系统在多伦多图书馆应用到了 20 世纪 70 年代末[108]。史密斯还致力于开发图书馆中有关儿童的项目。她不仅是图书馆员，还是作者和教师[109]。

1953 年，美国图书馆协会出版了史密斯的《不勉强的那些年》[110]。

在书中，她谈到图书对儿童的深远影响，"在儿童的心目中，一本好的图书的影响力是的确存在的，深藏于心的。这种体验能帮助儿童去形成对好的图书的一种判断标准和品位。"她自己也会通过对儿童图书的评论，形成某些观点和标准，来讨论和判断书的质量。

安妮·卡罗尔·摩尔（Anne Carroll Moore）（1871—1961）

"一章"定生死的质检员

在100多年前的美国，有这样一位专门为小读者们挑书的女士。她的桌上，有一枚印章刻有"专家不建议购买"字样。哪本书被盖上这个章，基本就是判了"死刑"。她为小读者们细致把关阅读素材，保障精神食粮的健康、营养。她不仅评论书，也自己写书，还呼吁大家关注儿童读物的质量。我们来一起认识一下这位儿童读物的守护者，安妮·卡罗尔·摩尔[111]。

一、不辱使命来拓荒

1871年7月12日，摩尔出生于美国缅因州的利莫瑞克，家中有7个哥哥，她是最小的孩子，也是唯一的女儿[112]。摩尔的正规教育始于利莫瑞克学院，随后去布莱德福克斯学院读了两年大学。她的父亲卢瑟·摩尔（Luther Moore）是哈佛大学毕业的律师，缅因州参议院议长，缅因州农业大学的理事。受父亲影响，摩尔最初的志向是当律师，还在父亲的办公室当过法律记录员[113]。不过事情的发展并不那么顺遂。在父亲去世及嫂子难产离世后的几年中，她中断事业回归家庭，帮哥哥抚养两个孩子。律师当不了，但是她的志向绝非在家带孩子。当时图书馆员刚刚成为新兴职业，哥哥没有阻拦她，而是支持她去试试。

1895 年，24 岁的摩尔，申请了在布鲁克林普拉特学院图书馆（Pratt Institute Library）的一年项目，并得到在 1915—1916 年担任美国图书馆协会主席的玛丽·赖特·普卢默（Mary Wright Plummer）的指导。毕业后，恰逢美国图书馆界兴起探索有关青少年阅读问题的热潮，她受命组建了面向儿童的图书室。因为在当时，儿童通常被认为是图书馆环境中的一种"麻烦"，并且在至少 14 岁之前他们通常被排除在图书馆之外。在组建过程中，她去参观了幼儿园，这也是当时的新兴事物，拜访了附近的居民，甚至询问了路上偶遇的儿童的看法。在经过这一系列的调研后，她设计了一处适合儿童的阅读空间，这里的摆设、开放书架等都是以符合儿童需求的尺寸设计。讲故事时间、木偶剧，暑期活动和有品质保障的少年文学作品一应俱全。最重要的是，图书馆员们开始致力于面向儿童提供服务。

二、创新服务敢说不

在这里工作十年后，她去纽约公共图书馆担任儿童部的主管，负责纽约所有图书馆分馆的儿童项目，并监督总馆 1911 年开设的儿童阅览室。她组织了上百场讲故事活动，编纂了 2500 条儿童图书馆标准书目，并四处奔走要求图书馆向儿童开放。与此同时，她也对小读者们提出了要求。一段认真对待图书的承诺，是每一位儿童在借书时都要签字确认的。摩尔指定了"四项尊重"原则，即尊重儿童、尊重儿童图书、尊重相关工作者和尊重儿童图书馆员的专业立场[114]。这对于当时的图书馆的工作具有指导意义，摩尔所倡导的理念放在当今时代也不过时。

除了在图书馆工作，她还定期在杂志上评论儿童图书长达 6 年。1924—1930 年，她是美国《纽约先驱论坛报》（*New York Herald*

Tribune）的儿童图书评论员。1927 年，她的专栏"儿童的书店"每两个月推出一期书评。到了 1936 年，她的评论出现在《号角图书杂志》（The Horn Book Magazine）上。她对图书的褒贬评价，被广泛地认为是对一本书的定调。最终，她成为颇具影响力的儿童读物评论家——可以说，手握对一本儿童读物的"生杀大权"。摩尔的评价标准是什么呢？当时的很多儿童图书主要是道德说教的载体，摩尔觉得儿童图书的内容应该不仅仅局限于此。1918 年，摩尔对美国纽约的出版商和书商发表了一系列的演讲，以推动面向儿童的有质量的读物的创作，她一直强调提供有质量的儿童读物的重要性。

1921 年，她在英国、法国的图书馆做演讲、进行实地考察，将所见所闻带回给美国的同行们。这次考察，她还将当时的英国诗人小说家瓦尔特·德拉·梅尔（Walter de La Mare）和英国儿童作家毕翠克丝·波特（Beatrix Potter）介绍给美国公众。他山之石可以攻玉，摩尔通过走访他国、借鉴引入国外的先进经验和优秀读本，促进本国儿童图书质量的提升。此外，她还自己动手创作儿童图书。最出名的是《尼古拉斯，曼哈顿圣诞故事》（Nicholas, a Manhattan Christmas Story）。在《我的童年之路》（My Road to Childhood）中，她向小读者们介绍自己的童年生活。此外，还发表了很多儿童作品，比如《三只猫头鹰》（The Three Owls）、《通往童年的十字路口》（Cross-Roads to Childhood）、《为快乐而阅读》（Reading for Pleasure）、《百年凯特·格林纳威》（A Century of Kate Greenaway）、《爱好的选择》（The Choice of a Hobby）和《通往童年的新道路》（New Roads to Childhood）等。

三、承上启下薪火传

在摩尔的职业生涯中，她曾感恩自己遇到了两位恩师，当时的普拉特图书馆的馆长玛丽·赖特·普卢默（Mary Wright Plummer），以及卡洛琳·海温斯（Caroline Hewins）。除了这两位推动图书馆儿童服务的先驱人物，她还曾与很多才华出众的图书馆员、讲故事的高手、作家们共事。

摩尔也将这份关爱和扶持带给了身边需要帮助的人，并积极为图书馆儿童事业的发展储备力量。很多儿童文学的创作者、儿童作品的编辑、出版社等都得到过她的帮助。她还开设了为期6个月的专门培养儿童图书馆员的培训项目，包括实践训练、阅读与讨论，并设置了"儿童图书馆员职能等级测试"。她在纽约公共图书馆任职期间，很多图书馆员基于自己的讲故事活动发表了相关文章。

当时纽约公共图书馆学校和青少年合作事务的主管梅布尔·威廉姆斯（Mable Williams）就是她一手培养起来的。摩尔在积极改革面向儿童的图书馆服务的过程中，敏锐地意识到，图书馆不能忽视这群年纪尚未成年的青少年群体，不能让儿童长大了就不阅读、不来图书馆了。于是，她任命年轻的参考咨询馆员梅布尔·威廉姆斯（Mable Williams），放手让她与各所学校合作，深入班级，将青少年邀请进社区分馆，最终在整个纽约公共图书馆体系中，使面向青少年的图书馆服务实现了突破性进展。

1941年，摩尔在70岁高龄退休，她仍然积极投身于写作、教学活动中。这样充满热情和干劲的一生，照亮了自己也温暖了他人。1961年1月20日，摩尔去世。她被《美国图书馆》杂志评为"20世纪我们拥有的100位最重要的领导者之一"；《学校图书馆杂志》（School Library Journal）评价她是"儿童服务的贵妇人"和"儿童文学、图书馆学和出版等新兴专业的先驱"。

求创新

生命不息，折腾不止，能折腾出花样来就是创新。墨守成规只会淹没在历史的长河中。唯有创新才能发展，才能避免被淘汰的命运。

杰西米恩·韦斯特（Jessamyn West）（1968—）

这位"网红"有点酷

说起"网红"，大家脑海浮现的多是，肤白貌美大长腿、蛇精腰、锥子脸。可是下面要说的这位火遍美国互联网界的红人有点不一样。她名叫杰西米恩·韦斯特（Jessamyn West）[115]。她在互联网领域如鱼得水，靠的不是美貌而是智商。她引领图书馆和图书馆员积极发出声音、拥抱时代变革，也颠覆了传统意义上图书馆员的刻板印象。

1968年9月5日，杰西米恩·韦斯特出生于美国佛蒙特州，在曼彻斯特长大。她父亲汤姆·韦斯特（Tom West）是一位出色的计算机工程师，也是1981年《新机器灵魂》（The Soul of a New Machine）中的关键人物的原型，该书作者特雷西·基德（Tracy Kidder）凭此书获得了普利策奖和美国国家图书奖。她的舅舅彼得·凯奥（Peter Coyote）是一位演员。也许是受到家族长辈的影响，杰西米恩·韦斯特既具备工科生的科学严谨，也拥有艺术生的自由浪漫。

一、自由职业

韦斯特与图书馆的首次接触发生在1995年，她去罗马尼亚克卢日纳波卡，为"自由论坛"（Freedom Forum）组织经营图书馆[116]。也许是这次经历激发了她对图书馆的兴趣。回国后，她前往华盛顿大学学习图书馆学，获得硕士学位。不过她并没有进入某一家图书馆，开启馆员的职业生涯，而是成为一名自由职业者，向图书馆提供咨询服务，帮助图书馆处理技术问题。

二、多渠道发声

现实生活中的韦斯特，可能看似平平无奇，但是在互联网世界，她却拥有众多的粉丝。她经营着名为 matefiler 的社区博客。2014年韦斯特以运营总监的身份从博客退休，但仍然活跃在论坛上，答疑解惑[117]。1999年，她创办 librarian.net，成为一名活跃的博主，是最早开设图书馆员博客的博主之一。2004年，她被民主国家协会（Democratic National Convention）评为"三位值得信赖的博主之一"。在接受美国《纽约时报》专栏采访时，她说自己的目标是使"图书馆员在政治上的声音更有力、更大声"。就《美国爱国者法案》中涉及图书馆的部分，韦斯特站在反对的前沿阵地。法案不仅允许不需要告知就可以对图书馆用户记录的调查，还禁止图书馆通知用户这些调查，且禁止他们向公众公开是否有过这样的调查。在反对法案的过程中，她制作了一些告示牌。比如，其中一块就写着"FBI（美国联邦调查局简称）没来过这里"（the FBI has not been here），明确将图书馆是否被调查过告知读者。在佛蒙特，当地图书馆协会向每个公共图书馆提供这样的标识[118]。

在美国国会图书馆进行馆长提名的过程中，她建立了一个叫"进步的图书馆员"（The Librarian of Progress）的网站。她认为在过去的5到10年间，国会图书馆的年迈的馆长（一位历史学家）治理下的图书馆更像一处历史建筑，而不是一座公共机构、一家世界上最大的图书馆。于是，她呼吁新提名的馆长，是要来自这个世纪的、具有友好的、进步的以及有前瞻性优点的候选人。她以这样的方式，呼吁人们关注图书馆馆长的提名，并鼓励国会图书馆能够实现21世纪的现代化进程。

韦斯特曾在雷切尔·辛格·戈登（Rachel Singer Gordon）的《明天的信息：关于科技、关于公共图书馆与高校图书馆未来的思考》（*Information Tomorrow, Reflections on Technology and the Future of Public & Academic Libraries*）一书中，与其他19位思想家一起探讨新技术对图书馆员的影响，并分享了一些有关如何利用应用技术来服务读者的观点。

三、普及信息素养

作为一个技术型的图书馆员、一名自由图书馆顾问，韦斯特主要在佛蒙特州奥兰治县，致力于向图书馆提供技术支持、帮助图书馆和图书馆员了解新技术、教授成人基本的技术课程。据其个人博客的自我描述可知，她的兴趣领域主要在关注数字鸿沟和它对图书馆服务的影响；影响图书馆服务的法律，比如《美国爱国者法案》和《版权法》。她已经教授此类课程长达25年。这种信息素养的普及教育工作，也是她有别于传统图书馆员的鲜明特色之一。在谈及为什么图书馆在社区的计算机教育中，要如此义不容辞地参与时，她说，"因为没有别的地方。当地没有像网吧、咖啡屋或者请人上门服务的方式，毕竟人们没什么钱。而图书馆员只是想帮人们找到东西和解决读者的信息需求。"2002年，美国《图书馆杂志》提名韦斯特为图书馆领域的"推动者和颠覆者"，当选理由是——"有别于从事传统图书馆服务的图书馆员，她在图书馆服务领域发挥自己的技术优势，致力于提升馆员和群众的信息素养、缩小和消除信息鸿沟带来的障碍。她不仅立足本社区，还以互联网为媒介，通过技术论坛、博客等方式分享经验和观点，扩大图书馆人在信息时代的影响力"。

2016年，据《青年参考》报道，特朗普当选美国总统后，美国各大传统媒体对社交媒体上"假新闻"泛滥的讨伐声不绝于耳。2018年9月中旬，欧洲议会通过了《新网络版权法案》。这一被称为史上最严厉的版权法案，引发支持和反对方的激烈论战。维基百科的联合创始人吉米·威尔斯认为，若《新网络版权法案》最终成为法律，人们将很难通过社交网络轻松获取阅读新闻资讯及学术文章。一方面，如何从海量信息中甄别出有用有效的信息，尤其是避免自己被类似"假新闻"的错误信息所误导；另一方面，如何保证信息的合法、合理地传播与利用，成为信息社会每一个成员都面临的抉择。这些都与个人的信息素养的提升息息相关。除了在学校接受系统的教育培训，图书馆作为全民教育的重要阵地，也担负着这样的职能。在美国的图书馆界，活跃着这样一位"网红"般的图书馆员，无论从她几十年如一日地坚守社区开展培训，还是在互联网世界颇为硬核的大胆发声中，我们都能得到一些启示。

玛丽·艾琳·埃亨（Mary Eileen Ahern）（1860—1938）

除了"世界小姐"，还有"公共图书馆小姐"

一提到"香港小姐"或者"世界小姐"，首先联想到的就是人美心善的年轻女性。头顶冠军皇冠的她们，要去各地传播真善美，履行慈善工作义务。实际上，除了聚光灯下的世界小姐，还有一位颇为声望的"公共图书馆小姐"。在你还不了解她的生平之前，不妨想想：如果你有机会，来评选"公共图书馆小姐"，你的标准是什么呢？她拥有什么样的事迹才会打动你呢？

这位被世人尊称为"公共图书馆小姐"的女士名叫玛丽·艾琳·埃亨（Mary Eileen Ahern）[119]。

1860 年 10 月 1 日，埃亨出生在美国印第安纳州波利斯的西南部的马里恩郡。她的父母都是爱尔兰移民，家中三个孩子，她排行老二。1881 年，埃亨从印第安纳中央师范学院毕业后，成为一名教师，执教 7 年[120]。

一、必有回响的情结

自 1889 年起，埃亨与图书馆之间颇具波折的缘分开始了。她的第一份图书馆工作是印第安纳州立图书馆馆长助理，并从事编目工作。1893 年，她晋升为正式馆员。然而，仅两年后，因为当时时局的变化，她失去了图书馆员的工作。

有时候，缘分看似断了，其实才刚刚埋下伏笔。也许经历了这样的失去，埃亨明白自己究竟在乎的是什么。也许，她从一开始就打定主意将图书馆作为终生奋斗的事业。虽然我们无从知晓她的内心，但她在

1895 年离开图书馆的同一年，就果断做了一个决定——干脆重返校园，学习图书馆学。1896 年，她从芝加哥的阿默尔学院的图书馆学相关专业顺利毕业。同年，她获得了一份来自《公共图书馆》杂志社的工作邀请。这位曾经与图书馆擦肩而过的图书馆员，以编辑的身份重返图书馆界，实现华丽转身[121]。

二、无法替代的总编

《公共图书馆》是一本新发行的图书馆专业期刊（后更名为《图书馆》）。当时，那些主流的图书馆杂志对小型图书馆并不关注，针对其发布的服务信息也不够多。于是，《公共图书馆》另辟蹊径，专门向小型和新建立的公共图书馆提供有用的信息，关注小型图书馆的发展和图书馆员的专业化成长。此时的埃亨，以极大的工作热情投入编辑工作中，为刚刚任职的图书馆员答疑解惑。很多年轻图书馆员从她的意见和建议中受益匪浅。担任编辑期间，她笔耕不辍，分享了很多重要的见解和观点。她始终强调公共图书馆的价值，称其是"不可或缺的公共教育的重要组成部分"，是能提供"受众最广、成本最低的最佳阅读形式"的场所。

当时，接受过培训的图书馆员不多，埃亨的这本杂志就恰好发挥了传播知识的作用，她以分享当时图书馆的最佳实践案例的形式，为小型图书馆、新成立的图书馆提供业务指导和帮助。麦尔维尔·杜威（Melvil Dewey）——图书馆界的权威，对她也不吝溢美之词，称赞她思维敏捷，文笔优美。20 世纪前 20 年，随着图书馆培训的日益标准化，埃亨颇具前瞻性的批评和评论已获得广泛关注。当初那个名不见经传的编辑，已经通过自己的努力，成为主编，在图书馆界干出了一番事业。随着期刊涉足范围的不断拓展，她在 1926 年将刊名改为《图书馆》。

埃亨将整整 36 年的时光都奉献给了这本期刊。1931 年，她因视力受损，不得不放弃主编职务[122]。当她退休时，出版商决定停办刊物，认为没有她的指导，完全办不下去。于是，最后一期刊物，就是对她多年来的孜孜不倦的致敬。

三、四处奔走的发声

除了通过撰稿、发文为图书馆事业发声，埃亨还在各种社会组织中履职，积极发表公共演讲，宣传图书馆事业。她参与过印第安纳州图书馆协会的筹建、担任过伊利诺伊州图书馆协会的主席，还是美国图书馆协会的终身会员，积极参与其中多个委员会的活动。一战期间，她为前线士兵送去图书。她还服务于联邦政府，担任过国家教育协会的图书馆部门的秘书。

纵观埃亨的职业生涯，成为创刊以来的第一位也是唯一的一位主编，实属不易，更不必说她在发表公共演讲、参与行业组织等事务中发挥的重要作用。最后，以在 1944 年《图书馆季刊》杂志上，曾任国际图联第二任主席、书目专家和高级图书馆顾问威廉·华纳·毕肖普（William Warner Bishop）的评价结尾——"一位热心肠的爱尔兰姑娘，将图书馆的从业经验应用到编辑工作中，成长为一位影响图书馆员，尤其是中西部地区的图书馆员的杂志总编。她不怕事，也不怕得罪人。地位和荣誉在她眼里一文不值……她的坦诚和独立使得这份本不被看好的刊物变得颇具价值和影响力。"

如此看来，这样的女子自然担得起"公共图书馆小姐"的美誉。

安妮·格罗兹林斯·利波（Anne Grodzins Lipow）
（1935—2004）

创业，你心动了吗？祖母辈的成功创业者了解一下（一）

2018年，一篇名为《摩拜创始人胡玮炜套现15亿：你的同龄人正在抛弃你》的自媒体文章在网上引发热议。韩寒反驳此长文，因为"它已经不光光是在贩卖焦虑，而是在制造恐慌"[123]。的确，媒体为了博眼球，过度渲染"一夜暴富"的创业神话，过去有"造原子弹的不如卖茶叶蛋的"，今日有"网红""主播"年方二十就年入百万。这不仅引发了大众的恐慌，更多的是撩起了一颗颗躁动的心。在互联网经济风起云涌的今天，在面对着"网红""主播"的案例，恐怕没人能淡然处之。

创业，你心动了吗？韩寒对创业也发表了自己的看法，"创业不等于发财，创业大多是挫折与失败，尤其是你没有做好充分准备和科学论证的情况下，创业基本也就是九千九百九十九死一生"。他认为，真正的创业者需要"义无反顾，内心坚定"，并且要"做好吃苦的准备就去干一番"。1999年，包括阿里巴巴在内的11家互联网公司站在同一起跑线上，如今几乎只有阿里巴巴做大做强了。那如果我们对自己成为"第二个马云"没信心，是不是就不要考虑创业了呢？也不尽然。在一些平常岗位上也有创业者，他们故事的开篇如你我般平凡，也许他们的创业旅程更有借鉴意义。

1935年，安妮·格罗兹林斯·利波出生于美国新罕布什尔州的曼彻斯特，在马萨诸塞州斯普林菲尔德长大。兄弟姐妹中有物理学家、学者，都很优秀。1960 年，在加州大学伯克利分校图书馆学院获得图书馆学和情报学硕士学位[124]。

一、乐于体验

1961 年，硕士毕业的利波留校，在伯克利分校图书馆工作。她在采购、编目等多个岗位工作过，逐步地积累经验，结识朋友。利波从不把自己局限在图书馆员的角色中。工作之余，她照顾家庭，关心朋友，热爱生活。她办聚会、做演讲、关注女性议题。朋友回忆说，利波可不是坐在那等着别人来接近她的人，她会主动地和你打招呼，热络寒暄[125]。

二、善于发现

利波有个爱好，喜欢琢磨那些省力气又高效的家居小玩意儿。为了支持环保，家中的一些塑料制品被她用自制的木工作品替代。利波对生活中这些小玩意儿的痴迷，反映到工作上，就是她更关注工具怎么应用，注重产出和效果。比如，当时在编目工作中，利波会用到编目软件辅助工作。在工作中，她发现了使用软件过程中的诸多问题，并提出了具体改进的需求。从现有的使用状况中发现问题，正是对软件进行更新和改进的第一步。1973 年，她设计了贝克（BAKER）文献传递服务系统，并沿用至今。当时在伯克利分校有位学者这样感叹，"四年半以来，我第一次在伯克利，觉得大学的中心图书馆是有用的研究资源，而非摆设。"1982 年，她被任命为美国加州大学伯克利分校图书馆的教育馆员，并开设了一系列与图书馆技术和培训相关的课程，面向教职员工、图书馆员和学生[126]。她在工作上具有前瞻性的眼光。"她的成就和对图书馆专业的贡献是一个传奇。"来自"乔治（George）和玛丽·福斯特（Mary Foster）"人类学图书馆的图书管理员，利波的老朋友苏珊娜·卡尔佩斯特里（Susanna Karpestry）这样评价她，"利波在做事情之前就已经看到了新想法的重要性。她能看到超越眼前的地方。"

利波和同事们的努力使加州大学伯克利分校图书馆成为 20 世纪七八十年代的全国图书馆行业的先行者，她的众多尝试都被全国各地的研究型图书馆采用。在帮助图书馆进入数字时代的关键时刻，她除了设计贝克文件传递服务系统外，还是伯克利/斯坦福合作计划（允许使用校园图书馆）、教授图书馆技能的创新方法和虚拟化的关键人物。1991年，当她从图书馆退休时，因其出色的服务而获得荣誉称号，这是伯克利分校图书馆历史上工作人员中获得此类赞誉的第一人。

三、厚积薄发，执行力强

1992 年，利波创办了为图书馆提供咨询服务的研究所，致力于图书馆技术和管理问题的培训、出版和咨询。她推出的第一项服务就是为图书馆员提供全天候的实践性的互联网培训。在美国图书馆协会的年会召开之际，利波在伯克利开展为期两天的培训。她和同事们一起精心准备了讲义，囊括了各种互联网协议和服务，并将其加工成学习资料发放给学员。培训结束后，利波将这些学习资料编辑成书，命名为《跨越互联网门槛：教学手册》（*Crossing the Internet Threshold：An Instructional Handbook*）并出版发行。随后，她又陆续出版了很多面向图书馆主管的有关图书馆、技术、策略方面的书籍，还设立了与此相关的工作室。

利波和同事为图书馆员开发了第一套如何使用互联网的培训材料。这套材料不仅在她的研究所里开设的工作坊中使用，而且被其他培训组织和专业组织采用。《跨越互联网门槛：教学手册》一书被翻译成罗马尼亚语、保加利亚语、土耳其语，并在对应的国家用于馆员培训。此外，该书还被翻译成西班牙语，广泛应用于南美洲各国。1994 年，她获得了著名的"伊萨多·吉尔伯特·马吉奖"（Isadore Gilbert Mudge Award），该奖项表彰了她"对图书馆学参考工作的杰出贡献"。

值得一提的是，作为一名社会活动家，利波对图书馆事业的理想和价值观同样有着坚定的信念。20 世纪 60 年代，她是加州大学伯克利分校图书馆员联盟的创始人；在 20 世纪 70 年代，她撰写了一份关于加州大学伯克利分校图书馆系统中对妇女歧视的报告，成功实现了上调女性图书管理员薪资水平的目标，为同工同酬做出贡献。

前半生勤勤恳恳地做着本职工作，退休不是职业生涯的结束，而是凭借之前的积淀开启了新的征途。这对如今工作满几年或者刚毕业就蠢蠢欲动地想创业的年轻人来说，似乎有点难以想象。这位祖母辈的创业者的故事，也许在提醒我们：要为创业而创业，而不是为跟风而创业。问问自己，你的专业做到炉火纯青了吗？自己的奋斗目标清晰吗？当这些都是肯定的答复时，也许创业对于你来说就是一件水到渠成的事情了。与此同时，创业的时间节点应该因人而异，无关年龄。当你怀疑自己是否年纪太大而打算放弃创业时，利波就是你的榜样。

英格特劳·达尔贝格（Ingetraut Dahlberg）（1927—2017）

创业，你心动了吗？祖母辈的成功创业者了解一下（二）

近年来，在党和政府的大力号召下，中国"双创"事业蓬勃开展，女性也以她们高涨的创业热情和扎实的创业能力，迎来属于自己的创业

"她时代"。基于北京市女性创业现状与需求的调查发现，女性创业领域与其专业能力和实用技能有关，并具有一定的女性特征[127]。在素以科学严谨著称的德国，一位女图书馆员的创业之路正印证了上述发现。她是如何实现成功创业的？她的成功是否对我们有借鉴意义呢？一起来认识来自德国的英格特劳·达尔贝格[128]。

一、热爱档案工作

达尔贝格从小就对书本非常感兴趣，尤其对记录信息。10岁那年，父亲送了她一台相机作为圣诞节礼物，她就开始记录一切她认为重要的东西。在大学的学习过程中，这种对信息的好奇促使达尔贝格系统学习了哲学、历史学、生物学和英语等多个科目[129]。

1959年，达尔贝格的职业生涯开始于埃里希 彼得希（Erich Pietsch）教授领导的盖墨林（Gmelin）研究所，主要工作是在原子能档案中心编制书目。1961年，她工作中接触到的书目主题从原子能转变为经济学。1962—1963年，她成长为一名科学档案文献工作者，随即前往德国文献协会（Deutsche Gesellschaft für Dokumentation）工作。1964—1965年，应美国佛罗里达州大西洋大学的邀请，她前往晶体学文献中心协助整理晶体数据文献[130]。这段工作经历使她对大学图书馆有了一定了解，并获得了相关工作机会。她最终在一家美国图书馆，使用计算机从事书目加工工作。她的工作主要是处理分类问题以及分类中的关系等问题。完成这些工作任务之后，达尔贝格回到法兰克福，受到德国文献协会重用，被任命为德国文献协会图书馆和文献中心的负责人[131]。

二、精进专业素养

在德国文献协会，达尔贝格开展了多项研究工作：组建研究与分类的委员会并担任秘书工作，还建立了信息科学中的一个描述词系统。与此同时，被委以重任的她，接到了外派任务：与国际文献工作联合会（FID）和国际十进分类法（UDC）修订委员会合作，为国际十进分类法类号 03/04 开发了分类系统，涉及相关的概念种类超过 1000 个。

1967—1974 年，她与德国标准化研究所开展合作，专门研究关于 DIN 2330 的概念和术语，以及 DIN 2331 概念系统及其演示。在那里结识的尤金·维斯特（Eugen Wüster）教授，对她日后的发展起到了关键作用。1970 年，她还被授权与隶属于联合国教科文组织的联合国世界科技信息系统（Universal Information System in Science and Technology，UNISIST）内的分类和索引委员会合作。该委员会由著名的情报学家道格拉斯·约翰·福斯科特（Douglas John Foskett）教授领导。

达尔贝格通过这些丰富的工作经历提升了工作能力，也深刻地意识到提升理论研究水平的重要性。于是，1971 年，她离开了德国文献协会去攻读博士学位，涉及语言学以及科学的历史等领域。1974 年，她博士毕业并发表了分类学相关的研究成果，其论文为《普遍知识组织的基础》（Grundlagen universaler Wissensordnung），由德国卡格·绍尔出版社出版。

三、项目经验丰富

攻读博士期间，达尔贝格就以自由职业者的身份参与了众多项目，并持续到创业阶段。这些项目经验不仅对她读博阶段的研究项目大有裨益，也为之后的创业积攒了很多实战经验。如 1971—1972 年，她加入某项目的数据库系统咨询团队，编辑部分研究成果；1978—1979 年，来自德意志国家图书馆的一个项目邀请她研究基于主题词检测，提出相关的建议。此外，还有来自德国档案中心、德国其他研究机构以及联合国教科文组织的项目都向她提出协作请求[132]。

四、自立门户

博士毕业后，达尔贝格创办杂志和协会、开公司、发表研究成果，创业之路红红火火，专业积淀厚积薄发。1974 年，达尔贝格创立了《国际分类》（International Classification，IC）杂志。在创刊号上，她发表了自己关于概念研究的论文，这也是她第一次公开发表其新概念理论。杂志内容丰富，涵盖新闻、书评、当前参考书目汇编等[133]。

1992 年，杂志更名为《知识管理》（Knowledge Organization），并且沿用至今。1977 年，达尔贝格在印度召开的一次文献研究与培训的专业主题会议上，发表会议论文《连续结构与通用分类》，大获成功。在这次会议前后，她在印度多所大学演讲。1979 年，达尔贝格创立了一家致力于创建索引和分类系统的公司（INDEKS）[134]。

1977 年，达尔贝格邀请来自图书馆和档案文献中心的专家在法兰克福成立数据科学协会分类学协会（Gesellschaft für Klassifikation V Data Science Society），同年举办了第一次会议。她当选为协会主席，并且履职至 1989 年，之后又以秘书的身份在协会工作。直至 1986 年，她每年都举办会议并且发表相关的会议论文，一生发表论文超过 300 篇，还参与了撰写关于分类和知识组织的百科全书条目。1981—1987 年，她还担任分类研究委员会的主席，在加拿大、德国和印度组织会议。1980—1982 年，她组织出版了国际分类和索引参考书目。1989 年，国际知识组织协会（International Society for Knowledge Organization e. V.，ISKO）成立，她出任主席[135]。

身兼数职的达尔贝格还担任自创杂志的主编，长达 23 年，又是两家知识管理相关的协会的负责人。自 1976 年开始她还在大学执教。拥有这份奋力拼搏，持之以恒的钻研精神，从事什么不会成功呢？

玛利亚·莫利奈尔（María Moliner）（1900—1981）

时光没有辜负在知天命的年纪重新出发的人

2019年3月30日，谷歌搜索引擎纪念了西班牙图书馆员、语言学家和词典学家玛利亚·莫利奈尔。她坎坷而传奇的一生，与图书馆和词典紧密地联系在一起。她1935年撰写的《小型图书馆服务指南》（*Instrucciones para el servicio de pequeñas bibliotecas*），于1937年出版。这本书在1938年被翻译成法语并在法国出版后，成为欧洲不少国家公共图书馆建设的参考。她于1967年编纂出版的词典《西班牙语用法词典》（*Diccionario de usodel Español*）至今仍被奉为西班牙语专业的必备工具书之一。在这本词典出版50周年之际，出版社还推出了配套的光盘。这位在图书馆界和词典编纂领域都取得突出成绩的女性，有着怎样的经历呢？

一、建乡村图书馆

1900年，莫利奈尔出生在西班牙的医生家庭。21岁，她毕业于萨拉戈萨大学（University of Zaragoza）并获得历史专业学位，之后便进入档案馆工作[136]。莫里奈尔从22岁开始担任图书馆员。1931年，西班牙第二共和国成立没多久，政府开展了送知识文化下乡的"教育传教"运动。其中，建立乡村公共图书馆和流动图书馆成为投入最多的项目，约六成的预算都用于建设和维护图书馆。1931—1933年，西班牙新建了 3000 余家乡村图书馆。莫利奈尔凭借对图书馆事业的热忱和专业知识，加入这场"教育传教"运动，并成为中坚力量[137]。

二、注重实践出真知

1935 年，第八届国际图书馆协会联合大会在西班牙马德里与巴塞罗那举办，莫利奈尔做了关于西班牙的乡村图书馆和图书馆网络情况的发言，呼吁让图书在最偏远的村镇流通。她认为图书馆"属于所有人"。1936 年，成为瓦伦西亚大学图书馆（University of Valencia library）馆长的她对图书馆项目特别感兴趣，并为农村图书馆制订了计划，以帮助促进识字和文化传播。1937 年，她出版了《小型图书馆服务指南》。该指南结合莫利奈尔自己的工作经验，从注重乡村阅读问题的角度，探讨了图书馆馆藏建设、选址、与当地居民沟通等问题[138]。

三、开启编书旅途

西班牙内战后，莫利奈尔及家庭受到新的独裁政府的迫害。作为西班牙"自由教育学院"体系培养出的第一代女性知识分子，她虽然是内战战败获罪的幸存者，完全被噤声，但是她依然坚信知识和教育才能改变社会。

1952 年，她的儿子费尔南多从巴黎带来的一本书引起她注意——1948 年由英语语法学家、词典编纂者、英语语言学习和教学领域的先驱 A. S. 霍恩比（A. S. Hornby）编撰的《当代英语学习词典》。她注意到了西班牙皇家学会出版的官方词典的缺点，并做了详细的笔记，所以这本英文书激发了她编撰关于西班牙语词典的想法。虽然自己已经到了知天命的年纪，丈夫也因为迫害患上了抑郁症，她仍然从知识和书本中获得了职业生涯的新的延续，全身心地将自己交付给图书，并再次踏上探寻、整理和命名事物的烦琐而浩瀚的旅程。

从那时起,她开始编纂《西班牙语用法词典》。作为四个孩子的母亲,同时也是一位祖母,她只能利用白天工作前后的时间在家进行编撰工作。凭借非凡的专注力和意志力,她的日常变成了早起在家里的餐桌上铺满卡片编写一些词条,早餐时段收拾起来,饭后去图书馆上班;下午下班后再继续编词典。每天在图书馆上班和在家伏案编撰词典的时间加起来要超过十五个小时。而到了夏天,全家人外出度假,她就继续在塔拉戈纳省一个海滨小镇工作。莫利奈尔研究在报纸上阅读或在街上听到的单词,目的是超越真正的学术机构西班牙皇家学院（Real Academia Española）出版的词典。"学院字典是权威字典，"她曾经说，"但我不太迷信权威。"[139]

莫利奈尔的字典不是按字母顺序排列的,而是按单词系列分组的,不仅有详细的释义,还提供了同义词和用法指南。当她开始实施这个项目时,她估计要花两年时间,但是这本两卷字典直到 1966 年才出版——总共耗费 15 年之久![140] 1998 年出版了该辞典的第二版,其中包括两卷和一张 CD-ROM,以及一本精简版。第三次也是最后一次修订于 2007 年 9 月出版,共两卷。

1981 年玛利亚·莫利奈尔去世的时候,加西亚·马尔克斯（Gabriel García Márquez）在为她撰写的悼文《写词典的女人》中说:"我感觉仿佛失去了一位为我工作多年的故人。她凭一己之力,独自在家编写出了西班牙语中最完整、最实用也最有趣的词典。"

爱丽斯·玛丽·诺顿（Alice Mary Norton）(1912—2005)

不当图书馆员的教师，不是好作家

从艾萨克·阿西莫夫（Isaac Asimov）的《银河帝国》到 J. K. 罗琳（J. K. Rowling）的《哈利·波特》，这些科幻、奇幻小说和它们的作者大家都是耳熟能详。当我们在为那些听起来就很炫酷的虫洞、降维打击等术语争辩时，当我们热衷于翻拍源自漫画的超级英雄时，可能没有想到，早在 19 世纪 30 年代，就有一位默默无闻的图书馆员，在自己构建的宏大的科幻、奇幻世界里，早把这些都玩遍啦！这位慈祥和蔼的长者，看起来和那些炫酷神秘的传说风马牛不相及。但就是她，在科幻与奇幻的跨界创作中，为后来的作家拓宽了这一面向青少年读者的文学类型。其创造的神秘莫测的女巫世界，横扫多国，吸粉无数，不亚于当今火爆的《哈利·波特》。

她的人生一波三折，因为热爱阅读和写作，因为丰富的想象力，而终究在探索的道路上走出了一路让人惊叹的风景。

1912 年 2 月 17 日，爱丽斯·玛丽·诺顿出生在美国俄亥俄州克利夫兰市[141]。家里还有个大她 17 岁的姐姐。小时候诺顿和亲戚或者同伴都没有亲密来往过，对她影响最大的是她的父母。诺顿的母亲热爱阅读，会一边做家务，一边背诵诗歌。在小诺顿还不能自己阅读之前，母亲会读书给她听。母亲不仅是早年家庭教育中的阅读启蒙老师，在诺顿成年后，母亲还帮她进行了所有的书稿校对工作，并保留了批评的权利。1969 年，诺顿出版了有关母亲的自传体小说《博迪和玛丽》（*Bertie and Mary*）一书，纪念母亲对自己的影响与帮助。诺顿父亲的经历也很丰富。她父亲的出生地是现在的内布拉斯加州，他经历过 1866 年的印第安起义。父亲家族还见证过塞勒姆女巫的审判。此外，她母亲的三个弟兄都参加了美国内战，一人被囚禁，一人牺牲。这些丰富的家族历史，激发了诺顿对于研究历史的兴趣和创作历史小说的想法。

1930 年，高中毕业后，诺顿在凯西斯储大学的弗洛拉·斯通·马瑟学院学习，打算成为一名历史老师。然而，赶上经济大萧条，无法负担学费的她，于 1931 年秋不得不辍学，找了份工作来补贴家用。尽管环境艰苦，她并没有放弃获得知识的任何机会。随后，她就参加了克利夫兰学院举办的夜校课程，如饥似渴地学习写作和新闻专业的相关课程。

1932 年，她开始在克利夫兰图书馆工作，专注于儿童文学领域。那些讲给儿童听的故事书，也同样带给了她很多的启示。此后创作的三部作品：《流氓雷纳德》（*Rogue Reynard*）是关于中世纪野兽的传说；《号角霍恩》（*Huon of the Horn*）是关于中世纪法国的英雄史诗武功歌（法语 *chanson de geste*）；《钢铁魔术》（*Steel Magic*）则是关于亚瑟王的传奇。可以说，在讲故事给小读者们听的过程中，诺顿自己也积累了丰富的写作素材[142]。

1932—1950 年，诺顿作为克利夫兰图书馆系统的助理馆员，造访整个地区的 40 座分馆中的 38 座。因缺乏学历证明等原因影响了晋升，可萧条的经济和就业形势又迫使她必须保住这份工作。可以说，此时的诺顿，无法继续学业，又遭遇事业上的不得志。

然而，她并没有自怨自艾，也没有自暴自弃。她从阅读中得到慰藉，获得灵感，开始了自己的创作之路。1934 年，她发表了自己的第一本小说《王子命令》（*The Prince Commands*），这是历史奇幻类小说。她又陆续发表了多部作品直至离开图书馆。其中，1938 年她发表的第二本小说《吉祥拉里石》（*Ralestone Luck*），不是新创作的作品，而是改编自她高中发表在校报《聚光灯》上的故事。当时就读于科林伍德高中的诺顿，在英语老师西尔维娅·柯兰斯（Sylvia Cochrance）的指导下，成为校报《聚光灯》的文学版块的编辑，并发表多篇短篇故事。而《吉祥拉里石》就诞生于彼时。当时那个文静内向，内心世界丰富多彩的高中女生诺顿，是否就曾许下过当作家的愿望呢？但至少可以肯定的是，诺顿的创作种子很早就播种下了。

爱读书、能写书的人，是不是都有自己开书店的情结呢？1941年，离开图书馆的诺顿，并没有离开最亲密的朋友——书籍和老本行——图书馆员。她集书店老板和图书馆员于一身，在马里兰经营一家叫神奇屋（the Mystery House）的书店，并提供借书服务。创业总是不容易的，一年后，书店倒闭，她重回图书馆工作[143]。

诺顿作为专业馆员，前往国会图书馆的编目部门工作。这使她有机会参与到有关外国人国籍的项目。虽然项目因二战的爆发而中止，但这段经历增强了诺顿细致研究的信心，成为她此后创作小说的动力。此外，因这份工作诺顿结缘世界朋友俱乐部（the World Friends' Club），促成了她的第四部小说的问世。《剑被拔掉了》（*The Sword is Drawn*）（1944）是一本间谍小说，记录了丹麦反抗组织在二战期间的活动，这本书是应俱乐部之邀而创作的。诺顿也因这本书真实地再现了丹麦反抗组织的英勇事迹而获得丹麦政府的嘉奖。此后，在获得大量有关丹麦历史的资料后，她又陆续创作了这个系列的后续三本。与上一份儿童图书馆员的工作一样，诺顿在工作中总是善于发现和收集创作的火花，这或许就是普通人和作家的不同。这种观察和发现，并内化为自己的知识体系的能力，值得借鉴。

1905年，诺顿离开图书馆，到马丁·格林柏格小矮人（Martin

Greenberg Dwarfs）出版社担任朗读员的工作。相比于在图书馆，这份工作给了诺顿更多的自由，使得她能更专心致志地投入到自己的创作工作中。1954 年，可以说是她的丰收年，她共出版了 4 本书，包括一本小说选集——《空间先锋》。到 1958 年，她已经写了 21 本小说。根据林·卡特（Lin Carter）在《安德烈·诺顿：关于传略和想象世界》(*Andre Norton: A Profile and in Imaginary Worlds*) 里的描述可知，当时的诺顿终于实现了财务自由，可以将写作作为自己的全职工作了。从 1931 年大学辍学、职场失意走到现在的 1958 年，整整 27 年间，无论遭遇什么样的境地，诺顿始终坚持写作，并保持着旺盛的创造力。她的勤奋高产和持续的创造力令人惊叹。

然而，离开图书馆的她，在 1999 年 2 月 28 日，再次回到图书馆。这一次，是她自己创办的图书馆——高哈尔哈克图书馆（High Hallhack Library）。图书馆就在自己家附近。馆名以她自己的女巫世界系列小说中的一个大陆命名。这座图书馆的馆藏达到一万多册，还包括音像制品等多媒体资源。馆内设有 3 间会议室，该图书馆定位为研究性图书馆，作家和学者们都可以来这里开展研究工作。馆藏小说包括：科幻、奇幻、神秘、西部、浪漫、哥特或者恐怖题材。2004 年 3 月，因为健康原因，诺顿关闭了图书馆。可以说，一路走来，无数图书和众多的图书馆，见证了一位传奇作家的诞生。

在梳理她的作品时，有几点关于诺顿的有趣发现。首先，她的笔名安德烈·诺顿，是从她开始发表第一部小说时，就开始使用了。

由于她的作品主要读者群体是小男孩，所以她不想由于性别带来的刻板印象让自己的作品与小读者们擦肩而过。后来，这个名字一直保留了下来，并成为自己的合法姓名。

第二，虽然她的写作题材丰富，但是最钟爱的还是奇幻类题材。诺顿的写作经历始于创作面向青少年的历史小说和探险小说，接着是科幻小说，最后是奇幻小说。曾有人问她，后来的小说大多是奇幻小说，是否对科幻小说的兴趣消退了。她解释道，自己始终对奇幻小说更感兴趣。在很年轻时，她最爱读的书就是威格利叔叔之类的儿童故事，随后兴趣转向绿野仙踪类的书籍。这些书她到现在都会时不时地拿出来读一读。这些作品是真正的美国神话故事。"我真搞不懂为什么它们问世很久之后才被图书馆接受。"诺顿说。可以看出，当时人们对于这类题材的作品并没有足够的重视。在当时，奇幻小说，可能相当于早期的网络文学，属于新兴起的文学范式，并不属于主流文学界，更不入那些严肃的文学评论家之眼。而且她的作品的对象是青少年。面向青少年读者的文学创作也不像今天这么受重视。所以在那样的时代背景下，诺顿坦诚地表达了自己对于奇幻文学的喜爱，并不受外界的影响，而是忠于自己内心，这一点难能可贵。她笔耕不辍，在32年间创作了52部作品，一生累计作品数超过百部，为青少年科幻、奇幻文学打下了基础，与玛格丽特·圣克莱尔（Margaret St. Clair）、凯瑟琳·麦克莱恩（Katherine MacLean）和安妮·麦卡弗里（Anne McCaffrey）等女作家一起成为科幻、奇幻文学界的知名人物。后世的很多小说家都纷纷表示受到了她的作品启发。

作家艾莉西亚·孔蒂斯（Alethea Kontis）在诺顿逝世后，发表了一篇情真意切的博文缅怀诺顿。"她是一位伟大的女性、一位尊贵的夫人，她身上有所有我奢求的品格。但她也很平易近人，不可思议的谦虚，她同时也是一个图书馆员，一个爱书爱得深切的人。"她第一次开始读科幻小说时，只有凡尔纳和威尔斯的作品。她评价说，"早期以科学为依据的小说，我不太满意。因为更多的是注重科学，对于人物的重视不够。"她认为，奇幻小说为作者提供了更广泛的范畴，给了人物更多的机会，能有足够精妙的反应来布局变化[144]。

第三，虽然是一位写科幻、奇幻小说的作家，但她却是一位反技术人士。诺顿的故事情节中，角色占据很重要的地位。角色大小各异，形态不一，但是他们最重要的特征是内在。

有专家指出，诺顿被低估了，没有引起严肃批评家的足够重视。当我们沉浸在哈利·波特的魔法世界中，遨游于飞船穿梭不息的宇宙太空中时，可曾想过几十年前面向青少年的书籍还没有引起重视，面向青少年的科幻、奇幻读物都不曾被文学界承认[145]？

2005年2月20日，美国科幻和奇幻作家协会（SFWA），宣布设立"安德烈·诺顿奖"（Andre Norton Award）。从2005年开始，该奖项每年颁发一次，旨在奖励出色的奇幻或科幻作品。

做"斜杠"

人生漫长，多一份爱好伴身，就多一份洒脱；人生苦短，多一项技能加持，就多一份底气。

南希·珀尔（Nancy Pearl）（1945—）

一位图书馆员的"斜杠"之旅

近年来，"斜杠青年"火了。这一概念源于《纽约时报》专栏作家麦瑞克·阿尔伯特（Merrick Albert）撰写的书籍《双重职业》。简而言之，"斜杠"就是，一个人不再满足"专一职业"的生活方式，能身兼数职，同时发展多项技能，拥有多重选择、职业和身份。近年来，各大社交媒体公众号上很多工作、生活上的多面手，纷纷涌现，分享自己的精彩人生。其实能给自己加斜杠的，还真不止青年呢！在大洋彼岸，一位堪称"斜杠长者"的故事，也许能让大家燃起加斜杠的斗志。

这位祖母辈的图书馆员，名叫南希·珀尔[146]（Nancy Pearl）。1945年1月12日，南希出生在密歇根州的底特律。童年的生活平淡无奇，但是珀尔从小就志向清晰，想当一名图书馆员。这个念头是 10 岁那年，在她家附近的公共图书馆，通过与儿童图书馆员打交道而萌发的。南希没有细说童年生活中的艰难，但将自己能顺利度过童年的困难时光归功于图书和图书馆员的帮助。她回忆说，"毫不夸张地说，是阅读拯救了我的生活。"

1967 年，南希获得了密西根大学的图书馆学硕士，如愿在家乡成为一名儿童图书馆员。

本来故事至此，算是结局圆满了。可很快，南希就遇到了一个挑战。成立家庭，她不得不放弃现在的工作和生活。结婚后的珀尔随丈夫乔·珀尔（Joe Pearl）教授一起从底特律搬到了俄克拉荷马州的斯蒂尔沃特。丈夫在大学教书，南希操持家务，陪伴两个女儿（小的 3 岁，大的 4 岁）。但全职妈妈不是南希的志向，她想做些能让自己思考、获得长进的事情，于是她重返了校园。

童年的南希最爱读的是历史。她喜欢读历史小说，尤其是英国历史。而且，她的父亲参加过西班牙内战，算是她家中的重大历史事件了。于是，重返校园的她，去读了历史系的研究生。要照顾两个孩子的全职母亲去攻读第二个硕士学位，除了自己的努力，还需要得到家人的支持和理解。从这个角度看，南希也是幸运的。

后面的事，似乎应该就是"辣妈重返职场，开启事业第二春"了。然而，现实再一次向她发起了挑战。南希在斯蒂尔沃特的独立书店和塔尔萨市郡图书馆打着两份工。直到 1993 年，她终于获得了一个公共图书馆的工作邀请，但工作地点是在西雅图市[147]。这时，时间距离上一份图书馆员的工作，已经过去了整整 26 年。是选择重新开始，还是留在熟悉的生活中？如果接受邀请，不仅要再一次离开熟悉的城市和生活，还要与丈夫分居两地。她选择了走出自己的舒适区。整整四年，她独自往返于西雅图和塔尔萨之间，直到丈夫退休搬去与她团聚。

在西雅图，南希终于迎来了事业上的春天。她发起了一场覆盖全城的阅读活动——"一座城市，同一本书"（If All Seattle Read The Same Book）。这项活动鼓励西雅图每一个人在同一时段阅读同一本书。最初由莉拉·华莱士读者文摘基金（Lila Wallace-Reader's Digest Fund）的资助金启动，随后在美国的芝加哥、水牛城、罗切斯特等地也开展起类似的活动[148]。

后来，南希开始定期出现在公共广播节目中，向公众推荐图书。在节目中，她提出了自己的阅读主张"50 准则"，即在你判断是否对一本书感兴趣或者是否要读完一本书之前，先去读这本书的前 50 页；如果你已经超过 50 岁，则阅读的页数变为用 100 减去年龄（如 70 岁变为阅读前 100−70＝30 页）。她还在华盛顿大学的情报学学院开设了一门向阅读者提供咨询服务的课程"书痴指南"（Booklust）[149]。

2003 年，《书痴指南：为每一种心情、时刻和理由提供的推荐阅读》（*Book Lust：Recommended Reading for Every Mood, Moment and Reason*）出版了。这份指南旨在帮助人们更好地阅读。很快，2005 年，她以"书痴指南"为主题，继续推出了相关图书。美国的电视节目《今日秀》（*Today Show*）将其选入了栏目组的图书俱乐部书单。南希再接再厉，在 2007 年 3 月，出版了针对儿童青少年的推荐图书《书迷指南》（*Book Crush*）。

2012 年[150]，作为图书馆员、书评人、大学教师和畅销书作者的南希，又多了一重身份——编辑。南希与在线电商亚马逊公司合作，发起了"重新发现图书的渴望"项目。在被 20 多家传统出版商拒绝后，南希让绝版图书再版的提议获得了亚马逊公司的支持。于是，一些不久之后可能就会被世人遗忘的作家和作品，又得以重回读者视野。当时，亚马逊的口碑并不算很好。《纽约时报》网络版更是撰文直指亚马逊一味压低图书价格的政策已经引起整个出版行业的不满。南希还是顶住了舆论压力，选择与亚马逊合作，她说，"这恐怕是个很难的抉择，哪怕事情重来一遍，我还是希望这些书能再次出版。"

文末，来个小彩蛋——南希的代言人身份。2003 年，西雅图的一家公司推出了以她的形象为原型的图书馆人可动玩偶"阿吉尔·麦克菲（Archile Mcphee）"。看来，千万别以为图书馆员都是书堆里的老古董，卖萌的实力也丝毫不逊色哦！

比弗利·柯丽瑞（Beverly Cleary）（1916—2021）

"小黑鸟"变凤凰，农场姑娘的逆袭人生

1916 年 4 月 12 日，比弗利·柯丽瑞[151]出生于美国俄勒冈州。父亲是农民，母亲是教师，作为独生女的她和父母住在郊区的一座农场里。6 岁那年，因为父亲找到一份银行保安员的工作，全家搬迁到了波特兰市。农场姑娘进城后，还没来得及适应城里的生活，柯丽瑞在学校就遇到了麻烦。当时，刚刚上小学一年级的柯丽瑞的阅读能力不如同龄人，被分到了"黑鸟"组。这是当时学校按照学生的阅读水平划分的三个组，分别叫"蓝鸟""红鸟"和"黑鸟"[152]。简单地说，她成了垫底的差生。她后来回忆说，"成为'黑鸟'是会被别人瞧不起的。我很喜欢看书阅读，但不知道什么原因会这样。"就在这时，女孩的外援出现了。学校的一位图书馆员知道了她的情况后，就给她推荐了不少适合她读的书。到了三年级，她终于赶上了同龄人的阅读水平，并开始经常泡

在图书馆里看书。到了六年级，她的作文已经成为在班上朗读的范文了，老师甚至建议她去当一名儿童作家。

成为作家，不仅是他人的建议，也是柯丽瑞内心长久以来的梦想。她在 1988 年出版的回忆录《来自亚姆希尔的女孩》（*A Girl From Yamhill*）和 1995 年出版的回忆录《我自己的双足》(*My Own Two Feet*）中，都提及从童年时起就想成为作家的梦想。1938 年，从加州大学伯克利分校英语语言文学专业毕业后，她本可以开始创作之路。可是，家境一般的她，上大学时就是靠做裁缝、服务员的兼职才完成学业。毕业时又遭遇经济大萧条。母亲得知她的志向时，告诫她"必须有其他的方式能养活自己"。的确，当时成为作家是很难养活自己的。好在，除了成为作家，柯丽瑞还一直对儿童图书馆员的工作很感兴趣。于是，1939 年从华盛顿大学图书馆学与情报学学院毕业后，她在图书馆开启了职业生涯[153]。

一个小时候通过图书馆员的帮助，恶补阅读并爱上写作的小姑娘，大学毕业后，进入图书馆工作。一个后进生逆袭的故事到这里似乎可以圆满结束了，但其实精彩才刚刚开始。

在担任儿童图书馆员时，柯丽瑞很重视与小读者的互动，尤其是那些很难与书本产生共鸣的小读者。她曾说，"我认为儿童图书馆员肩负着使命，孩子们应该拥有质量上乘的读物，而图书馆员要鼓励他们阅读、帮助他们挑选合适的书籍。"一次，在图书馆，一个小男孩跑去问她，哪里有写给我们这样的小朋友的书呢？她努力尝试去提供足够的书以满足这些小读者的需求。差不多十年后，在做了多年的图书推荐和现场的讲故事活动之后，她决定开始自己写童书，要在书中塑造出能与小读者有关联的角色。她的第一本书《亨利·哈金斯》（*Henry Huggins*）就是关于一个小男孩的故事，柯丽瑞又陆续写出了一个系列的作品，内容都是围绕亨利和他的狗、邻居小伙伴和邻家妹妹展开的。

1942年,柯丽瑞成为全职儿童作家。她写的很多儿童小说都是以自己所生活的社区为背景、童年的田园生活为素材。把儿童当作儿童来对待,聚焦儿童生活中的点点滴滴——她一直秉承着这样的写作理念,不想被称为儿童书的作者,而是为儿童写书的作者。当她还是小朋友的时候,她当教师的母亲就建议她说,"最好的写作就是最简单的写作。尝试去写一些有趣的东西。大家都爱看能把人逗乐的内容。"另一条宝贵的写作建议则来自一位大学教授,"小说最合适的主题是全人类共有的经历、体验。"

她的作品大多风趣幽默、引人入胜,她塑造了很多让人难忘的人物形象。其中最为成功的形象之一是一位名叫雷蒙娜·奎姆比(Ramona Quimby)的9岁小女孩。有人问她为什么读者都喜欢雷蒙娜,她这样解释说,"书中主角被描绘成一位富有想象力但令人生气的幼儿园儿童,因为她经常无意地惹恼她周围的人;她出于好奇而拉扯同学的卷发,最后被学校处罚。虽然书名叫《小捣蛋雷蒙娜》(Ramona the Pest),她并不是真的淘气。她的动机是好的,她想象力很丰富,而且事情有时候并不会按照她设想的那样去发展。"

柯丽瑞的雷蒙娜系列图书大受欢迎甚至被搬上了银幕,扬名国内外。由小说改编的电视剧《雷蒙娜和姐姐》(Ramona and Beezus)于2010年播放,随后陆续在加拿大、阿根廷、巴西、新加坡、马来西亚、德国、荷兰、比利时以及匈牙利播放或发行。

由雷蒙娜带来的影响力甚至催生了一项覆盖美国、持续举办一个月的阅读庆典——"放下一切开始阅读"(Drop Everything and Read,D. E. A. R.),旨在呼吁各个年龄层的读者将阅读纳入日常生活,并放在优先位置[154]。自从她在小说中第一次写到"放下一切开始阅读"后,这个活动就在每年的 4 月 12 日在全美举行，所选择的日期是柯丽瑞的生日。给她写信的小读者分享了自己参与学校举办的阅读活动的喜悦，受此启发的柯丽瑞决定让雷蒙娜和她的同学们也能拥有同样的体验。当现实中"放下一切开始阅读"活动的规模逐步扩大、越来越受欢迎时，活动的时间跨度扩大到了整个 4 月。除了柯丽瑞，很多的民间团体和个人也都参与到这一阅读推广活动中。

2016 年 4 月 12 日，是柯丽瑞一百岁生日。这位图书馆里走出来的儿童作家，怀揣着为儿童写作的信念，以几乎一年一本的速度，坚持写了整整 50 年。她的书被翻译成 20 余种语言出版，柯丽瑞也获得了许多奖项和荣誉。如 1975 年，柯丽瑞赢得了美国图书馆协会颁发的"劳拉·英格尔斯·怀尔德奖"（Laura Ingalls Wilder Award），以表彰她对儿童文学的实质性和持久的贡献；1981 年，获国家图书基金会颁发的"国家图书奖"（The National Book Awards）；1984 年，获美国图书馆协会图书馆儿童服务协会（ALSC）颁发的"纽伯瑞奖章"（Newbery Medal）以及 2003 年，获得"国家艺术奖章"（National Medal of Arts）等[155]。

她的书目前已销售超过 9000 万册。了解过这位高产、畅销作家的经历，你是不是迫不及待地想去阅读一本她的作品？

海伦·麦金尼斯（Helen MacInnes）（1907—1985）

不想当演员的图书馆员，不是好作家

2018 年 1 月 6 日，英国《每日电讯报》评出了过去一百年间最杰

出的 20 部间谍小说。其中,《布列塔尼任务》（Assignment in Brittany）（1942）讲述了二战时期,"自由法国"上尉被派往被占领的法国,侦查纳粹隐藏在布列塔尼的军事基地,配合突击队将其摧毁的故事。据说,该小说被列为当时同盟国情报机构,尤其是将派往法国对抗纳粹的情报人员的必读之书。小说发表的当年,就进入《时代周刊》小说类畅销书的排行榜。1943 年,小说改编的同名影片也在美国上映。让人意想不到的是,该书出自一位名叫海伦·麦金尼斯[156]的女作家,而在此之前,她只出版过一本小说。在 20 世纪 40 年代的美国,很多女性还只能待在家里相夫教子,初出茅庐的她却能写出如此精彩的故事。她究竟是一位什么样的作家呢？

一、聪明能干

1907 年,麦金尼斯出生于苏格兰的格拉斯哥。1928 年,她从格拉斯哥大学毕业,拥有法语和德语的硕士学位。随后,她前往伦敦,于 1931 年获得图书馆学的文凭[157]。很快,她开启了自己的职业生涯,成为格拉斯哥大学弗格森图书馆的特别编目员。该馆馆藏主要包括炼金术、化学和相关主题的书籍,涉及秘闻,以及神秘学和巫术、玫瑰十字会和吉卜赛文学方面。她还与苏格兰邓巴顿郡教育局合作,为郡图书馆挑选书籍。1932 年,牛津圣约翰学院聘请她担任古典文学专业教师。能干的麦金尼斯女士还忙里偷闲地当起业余演员。她与牛津大学的戏剧协会、实验剧场都有过合作。这让人不由得感叹,能静能动、能上讲台也能上舞台的麦金尼斯真是兴趣广泛、技能全面啊！

二、阅历丰富

除了酷爱文学和表演艺术,麦金尼斯还热爱旅行。1932 年,她与牛津大学学者吉尔伯特·海特结婚。婚后，她常常协助丈夫翻译德语文献。夫妇俩就利用暑假用这些稿酬去欧洲旅行。旅行期间，她记录下了旅行的见闻。这些见闻后来为她的间谍小说增光添彩。有读者说，麦克金斯小说中最吸引人的重要元素之一就是国际化的背景，罗马、威尼斯、雅典，不胜枚举。很多时候，读者就是一路追随小说中的人物游历欧洲的历史名城。当读者走在城市的某条街道上时，可能会真切地重温起她笔下这里曾上演的惊心动魄的一幕幕。

三、不惧极权

在麦金尼斯的诸多旅行中，令她印象最为深刻的是德国的巴伐利亚。当时的德国正笼罩在纳粹的极权统治的阴影中。见此情形，她就发誓要通过写作来抵抗纳粹政府的压迫。1937年，她随丈夫移居美国，开启了自己的职业写作生涯[158]。值得一提的是，她的丈夫曾效力于英国情报部门。除了她自己的研究与旅行经历，丈夫的这段经历也不可避免地影响了她的写作。除了实地调查，她可能会给间谍小说新手的另一个建议就是去和一位效力于情报部门的学者结婚。但不可否认的是，她的旅行笔记中对希特勒的崛起的担忧以及对时政的分析，都展现出她不俗的见解和誓以写作来抵抗纳粹的决心。当丈夫无意中发现这些笔记时，就鼓励她用这些作为小说的素材[159]。

在这种情况下，她的第一部小说《无可怀疑》(Above Suspicion) 于1941年问世。小说中，主人公夫妇的新婚旅行部分取材于她自己的经历。在随后的45年间，她共创作了21本间谍小说。其中，《无可怀疑》(1941)、《布列塔尼任务》(Assignment in Brittany) (1942)、《威尼斯事件》(The Venetian Affair) (1963) 和《萨尔茨堡连线》(The Salzburg Connection) (1968) 四本小说被改编成电影。故事背景涉及两次世界大战和冷战。她保持着每两年出版一本小说的速度，直至去世的前一年（1984）。她于 1966 年获得"爱奥那大学哥伦比亚文学奖"（Iona University Columbia Prize for Literature）。可以说，终身坚持创作的麦金尼斯无愧于"间谍小说女王"的美誉。

从图书馆员到间谍小说女王这条路，可能并不好复制。但是她的热爱学习、勤于思考、善于观察和总结的优点，以及用小说来揭示纳粹统治的勇气很值得人们学习。

玛格丽特·梅伊（Margaret Mahy）（1936—2012）

"扫地僧"一般的存在，是一种什么样的体验？（一）

2019 年 1 月 8 日，阿里巴巴发布了《2018 年中国人读书报告》。报告显示，2018 年最受喜爱的十大图书榜单中，金庸先生的作品集夺得冠军[160]。说起金庸，大家可能不知道这位大家与图书馆的不解之缘。金庸 1941 年因行侠仗义被校方勒令退学。走投无路的他投靠亲戚，谋得了一份"国立中央图书馆"的差事。金庸在阅览组，登记借书和还书。日后，他回忆道，"我在图书馆里一边管理图书，一边读许多书，我集中读了大量西方文学作品，有一部分读的还是英文原版。"1945 年，他离开图书馆进入报业发展，再后来成为杰出报人和小说家。《天龙八部》中他刻画了一位"图书馆员"——那位藏经阁的扫地僧，就是位身藏功与名的武林高手。这算不算对他个人在图书馆经历的一种致敬呢？不可否认的是，从他的个人经历和描述中，图书馆的确对提升个人阅读和写作能力起到了重要的推动作用。

像金庸一样，不少西方国家的图书馆中也有众多卧虎藏龙的高手。他们左手持书阅读，右手执笔写作，以纸张为底片，将思维的火花定格。他们醉心于阅读又痴迷于写作，这些作家型图书馆员，低调有内涵，他们是如何踏上写作之路的呢？一起来认识下面这三位女士。

1936年，玛格丽特·梅伊[161]出生于新西兰华卡塔尼，是家中5个孩子中的老大。她的父亲是桥梁建造商，母亲是教师。父亲常给孩子们讲探险故事，这在一定程度上对玛格丽特后来的作品产生较大影响。小时候，梅伊最喜欢作文课，最讨厌数学。她7岁就出版了一本故事书《哈利是坏的》(*Harry is Bad*)。这让同学们大为惊奇，原来小朋友也可以写故事啊。小时候，她可以称得上是个"话痨"，可能"会有点惹人嫌"。她回忆道，"我会试着自己编故事讲给大家，让他们相信是真的。"

一、第一本书

梅伊1952年获得奥克兰大学哲学专业的本科学位。1955年，她获得坎特伯雷大学的硕士学位。1956年，她在新西兰的图书馆学校接受图书馆员的培训。毕业后，梅伊先担任伯通的一所学校图书馆员，随后受聘于坎特伯雷公共图书馆的儿童图书馆员。其间，她在新西兰教育学院的学报上发表了多篇故事。第一篇《草地上的狮子》(*A Lion in the Meadow*)便让她名扬海外。这篇发表在学校期刊上的故事，于1969年在英国和美国分别以大开本绘本的形式出版。同年，她的其他几个故事也以绘本的形式出版，其中不乏知名儿童插画师的作品助阵。此外，她还创作奇幻小说。

二、创作缘由及过程

1980年,梅伊成为全职作家。当被问起为什么想成为作家时,她坦言因为自己热爱阅读,看故事书的时候甚至会想象自己身处书中的场景,而自己写故事就能做到这一点了。

梅伊创作的最简短的书只有9个单词。最长的一本初稿就有800页,故事设定在一个虚构的国家。在创作前,她阅读了很多有关文艺复兴之前的欧洲各国情况的材料。"读过了,就不想浪费自己的研究!但是我费了点时间读了读发现,确实太长了。所以,最终版本是大概300页,其实也还是挺长的。"

三、写作建议和心得

梅伊认为作家一定要内心强大。因为他们常常不得不面对失望。即使你的书已经出版很多年了,出版商还是有可能会拒绝你的下一部作品,哪怕凝聚了你多年的心血。她还建议作家应该"多线作战"。如果第一个作品进展不太顺利,就推进后面的作品。绝大多数的作家都不得不努力地工作,去写作、写作再写作。

梅伊觉得作为作家,最棒的事当然是人们很欣赏你的作品,然后就是能靠作品赚钱;最糟糕的事,就是不停地写,修改再修改。甚至有时候,作者知道作品中有些地方不对劲,但就是搞不明白哪里出了问题。

梅伊的作品在儿童文学领域陆续获得了很多重要的奖项。作为新西兰的儿童和青少年书籍的作家,她的故事很多情节都带有强烈的超自然元素,而且她的写作集中在人际关系和成长的主题上。

梅伊是一位高产的作家,她创作了100多本绘本,40本小说和20本短篇小说集。她的小说《幽灵》(*The Haunting*)获得了英国图书馆协会"卡内基奖章"（Carnegie Medal）（梅伊共获得三次该奖项，分别在 1982 年、1986 年和 1987 年）[162]。该奖项是英国主题的年度最佳儿童图书奖，而她是第一位获此殊荣的非英国籍作家。其作品被翻译成多种语言在全球十余个国家出版。此外还获得了"意大利总理格拉菲科奖"（Italian Premier Grafico Award）（1976）、"荷兰银铅笔奖"（Dutch Silver Pencil Award）（1977）、"新西兰邮政儿童图书奖"（New Zealand Post Children's Book Awards）（2003）、"凤凰奖"（Phoenix Award）（2005）。她还曾六次获得新西兰图书馆协会的"埃丝特·格伦奖章"（Esther Glen Award）。

如此傲人的成绩为她带来了不可小视的影响力。1985 年，她在坎特伯雷大学建立"玛格丽特·梅伊奖学金"[163]。1991 年，新西兰儿童图书基金会设立了"玛格丽特·梅伊奖章"，旨在表彰在儿童文学领域做出卓越贡献的作者。而她本人正是该奖项的首位获得者。2009 年，梅伊的青铜半身像在基督城艺术中心揭幕，她被作为当地的 12 位英雄之一。

2010 年，她的小说《食人族抽搐》（Kaitangata Twitch）改编成了电视剧[164]。她去世后，因其"对儿童文学的持久贡献"而赢得两年一度的国际"汉斯·克里斯蒂安·安徒生奖"，这是对儿童图书作家或插画画家最高级别的认可[165]。如果不当作家，她表示还是希望能继续当图书馆员，因为那时候接触到的书比后来成为作家后接触的书要多很多。如此看来，她爱读书的初心从未改变。

马乔里·巴纳德（Marjorie Barnard）（1897—1987）

"扫地僧"一般的存在，是一种什么样的体验？（二）

在澳大利亚有一位具有传奇色彩的图书馆员，马乔里·巴纳德[63]，一位集小说家、短篇故事作家、评论家、历史学家于一身的图书馆员。

1897 年，巴纳德出生在澳大利亚悉尼。中学毕业后，进入悉尼大学，并以一等荣誉毕业生完成学业[166]。"荣誉毕业生"要求毕业生在学业各个方面均要表现优异。当巴纳德拿到一笔奖学金并可以去牛津大学深造时，却遭到父亲的反对。于是，她只好留下来接受了悉尼教师学院的图书馆员的培训。她先在新南威尔士州公共图书馆任职，然后在悉尼技术学院图书馆当馆员。1935 年，她在朋友的鼓励和父亲的资助下，开始全职写作。谈起为什么要写作，她曾说，"在寻找一种充实的方式，让内在的蓬勃的能量以一种创造性的方式表达出来，而不是陷入日常生活的泥潭中。"

1935 年，巴纳德加入了澳大利亚的作家会员组织[167]。在这里，她结识了一帮志同道合的作家，其中不乏一些当时在政治和文化政策领域颇有影响力的人物。在她的住所，常常举办沙龙，邀请朋友们来定期聚会。1940 年，父亲去世。1942 年，她为了养家糊口，再次回到图书馆工作。

她的写作生涯跨度颇长，从 20 世纪 20 年代到 40 年代。她的大部分作品创作于三四十年代。被人们称为"女作家"的时候，她表示，"没有什么女作家一说。只有好的作家和不好的作家。只有作品的好坏说了算。"谈起自己的作品，她表现得很谦虚，认为自己"从未达到预期，从未真正实现自己为每一本书设定的目标"。

1920 年，巴纳德发表了第一本作品，名为《象牙门》（*The Ivory Gate*）的儿童图书。1928 年，她与芙洛拉·艾德晓合作出版了第一本小说《一座房子建成了》（*A House is Built*），并获奖。随后，两人以"巴纳德·艾德晓"（M. Barnard Eldershaw）为笔名，一起创作了 5 本小说和一系列的非小说作品，包括历史评论、散文集等[168]。

1941 年，巴纳德独立创作了一部重要的历史作品《麦格理的世界》（*Macquarie's World*）。这部经典之作描绘的是早期澳大利亚的社会。她最后一部也是最雄心勃勃的作品是《澳大利亚历史》（*A History of Australia*），于 1963 年出版。1986 年，她被悉尼大学授予文学博士荣誉学位。她在颁奖典礼上说，"从未料到会得到这样的荣誉，很高兴能加入前总理戈夫·惠特兰、艺术家西德尼爵士的行列。"

内勒·拉森（Nella Larsen）（1891—1964）

"扫地僧"一般的存在，是一种什么样的体验？（三）

第三位要介绍的图书馆员，身世坎坷。终其一生，她都在寻找某种答案，最终通过写作的方式书写了属于自己的答案。

1891 年 4 月 13 日，内勒·拉森[169]出生在伊利诺伊州的芝加哥，父母均为移民。父亲彼得·沃克是来自西印度群岛的黑人厨师，母亲玛丽·汉森是来自丹麦的裁缝。拉森出生后不久，父亲就失踪了。母亲只好改嫁白人男子彼得·拉森，并育有一女名为安娜，也就是拉森的妹妹。

一、混血身份的困扰

作为家中混血身份的孩子，从最初的非洲裔美国人社区到母亲改嫁后迁居的白人社区，拉森都因肤色遭到歧视。大部分的非洲裔美国人来自南方，而她不是。这种既不够"白"也不够"黑"的出身，使她无法完全被白人群体和黑人群体认同。成长中所遭遇的歧视和归属的缺乏感给她带来的困扰，直接影响到她后来的生活。作家和评论家达里尔·平克尼写到了她的艰难状况，"作为白人移民家庭的一员，她（拉森）没能融入黑人社会。她永远不会像她的母亲和妹妹那样是白人，她也不会像兰斯顿·休斯和他的角色那样黑。她处在一个地狱世界，历史上无法辨认，而且太痛苦了。"

1907年，拉森进入田纳西州纳什维尔历史悠久的面向非洲裔美国人的费斯克大学就读。后来，她去了丹麦，在那里生活了四年，试图去了解自己的另一半血统。1914年，拉森到美国纽约曼哈顿林肯医院附属护理学校就读[170]。毕业后，在公务员考试中获得第二高分后，她被市公共卫生局聘为护士，并在林肯医院工作。

1919年，拉森与一位知名非洲裔美国物理学家结婚，并于20世纪20年代搬到了哈莱姆区。在与美国有色人种协会的知名人士接触的过程中，拉森和丈夫了解到了哈莱姆文艺复兴文学运动。但是，丈夫的同事、朋友们都是接受过高等教育的非洲裔美国人精英群体。这让缺乏正规教育（没有大学学位），拥有混合血统的拉森，对非洲裔美国人中产阶级的生活充满疏离感，非常不适应，这段婚姻也因丈夫出轨走向了终点。

二、从创作中探寻

1921 年，拉森在纽约公共图书馆做志愿者期间，参加了该馆的"非洲裔美国人艺术展"的筹备工作，并萌生了当图书馆员的想法。1923 年，拉森通过了认证考核，成为从该馆的图书馆专业学校毕业的第一位美国非洲裔女士[171]。第一年，她在下东区的西沃德公园分馆工作，那里主要是犹太人。由于对非洲裔美国人社区文化很感兴趣，拉森得到了白人主管爱丽丝·济慈·奥康纳的大力支持，并转到哈莱姆分馆工作。与此同时，她开始将对身份认同的困惑付诸笔端，在创作中进行思考和探索。1928 年，她出版了第一本自传体小说《流沙》（*Quicksand*）。故事讲述了一个中产阶级的美国非洲裔女性自我定义的奋斗历程。1929 年，另一本代表作《越界》（*Passing*）也探讨了混血女性这一特殊群体身份构建的困境及失败的原因。这两部作品问世后，引起了重大反响。1930 年，拉森出版了短篇小说《圣殿》（*Sanctuary*）。一些评论家认为《圣殿》的基本情节，以及一些描述和对话，实际上与英国作家希拉·凯伊·史密斯（Sheila Kaye-Smith）的短篇小说《阿迪斯夫人》（*Mrs. Adis*）完全相同。但也有学者对这一评价提出了质疑，理由是，与凯伊·史密斯的故事相比，拉森将这个故事设定为现代美国。希拉·凯伊·史密斯也在 1956 年出版的《我一生的所有书籍》（*All the Books of My Life*）一书中，说没有证据显示拉森有抄袭行为。拉森在这场争论之后获得了古根海姆奖学金（Guggenheim Fellowship），当时价值约 2500 美元，是第一位获得此奖学金的非洲裔美国女性[172]。

如今，她作为美国哈莱姆文艺复兴的著名非洲裔美国女作家，其作品越来越受到学界和社会各界的重视。有关小说人物的身份迷失于伦理选择的剖析、有关非洲裔美国女性主体性的建构等研究议题都常以这两本著作为研究对象。

　　罗素曾说，读史使人明智，读诗使人灵秀。对于拉森来说，阅读和写作不仅是一种消遣和兴趣，更是一种自我疗愈和探索。

明尼·厄尔·西尔斯（Minnie Earl Sears）（1873—1933）

工作到生命最后一刻的人，究竟是如何度过一生的

　　据俄罗斯卫星通讯社、英国路透社报道，2019年当地时间2月19日，香奈儿艺术总监、时装设计师卡尔——拉格斐（人称"老佛爷"）去世，终年85岁。自1983年进入香奈儿以来，36年中"老佛爷"从未缺席过一场时装秀。有媒体报道，"老佛爷"在离世前的最后一刻还在工作。坐拥丰厚财产，功成名就的"老佛爷"，为什么要工作到最后一刻呢？他的回答是，"为什么要让我停止工作？让我停止工作还不如让我去死。"他掌管三大品牌，每几个月就要出一个系列产品，还出版书籍，玩品牌跨界。据说他常常每天工作16个小时，巴黎的私人图书馆中藏书量达到6万册[173]。在时尚界这个时刻需要创新的行业，能让命悬一线的香奈儿起死回生，能拓展自己的品牌，还能几十年如一日地得到行业内外的盛赞，恐怕仅凭天赋是不可能做到的，"老佛爷"如此优秀也要勤勤恳恳地工作一辈子。你我的工作也许没有这么大的压力和挑战，但是专业过硬、爱岗敬业、持之以恒的精神却是每个人都不可或缺的。

　　当然，也许"老佛爷"的光环过于耀眼，从事的职业也与普通人的生活离得有点远。下文这位女士也许就和走进图书馆看到的任何一位

图书馆员无异，但是却因为同样的敬业品质，在自己的专业领域，做出了令人敬仰的成就。除了和"老佛爷"一样具备生命不息，奋斗不止的精神之外，她的一些经历也值得人们去学习。

1873 年，明尼·厄尔·西尔斯出生于美国印第安纳州西部的拉斐特市，从小就很有学者潜质。在普渡大学，她是班级里年纪最小的学生。1891 年，西尔斯获得普渡大学理学学士学位。两年后，她又获得该校的理学硕士学位。1900 年，她获得伊利诺伊大学授予的图书馆学学士学位[174]。

一、想得到不如做得到

西尔斯非常热爱编目工作，她曾经在布林莫尔学院图书馆、明尼苏达大学图书馆以及纽约公共图书馆编目部工作。1901 年，她在伊利诺伊大学图书馆担任编目助理。1903—1907 年，她在拜恩·马韦尔学院担任助理馆员，负责编目工作。1909—1914 年，她在明尼苏达州大学图书馆担任首席编目员[175]。1914—1920 年，她任纽约市公共图书馆参考部首席助理。

这些频繁的工作变换中，西尔斯的工作内容始终围绕编目工作展开。难能可贵的是，在专业技能不断磨炼的过程中，西尔斯能从习以为常的工作流程中发现问题。通过这些丰富的工作经历，西尔斯敏锐地发现，图书馆的主题词列表并不太方便使用。由此可以大胆地推想，也许在她之前，也有人抱怨过，甚至想方设法改进过。但是，最终的现实是，只有西尔斯清晰地意识到图书馆需要一套简化的、更统一的主题词列表，并开始付诸行动。1923 年，她加入 H. W. 威尔逊公司，编著出版了针对小型图书馆的主题词列表——《小型图书馆主题词列表》（*List of Subject Headings for Small Libraries*）[176]。

在她的发明问世之前，编目人员主要参考的是美国国会图书馆的主题词表。虽然很全面，由于主题词分得过细、过于具体和专业，西尔斯认为该主题词表不适合众多的中小型图书馆。西尔斯通过跟踪他们对主题词的使用模式，了解编目馆员在使用国会图书馆主题标题时最常用的方式。在收集和分析这些数据后，西尔斯开发了自己的系统。这套系统的特别之处在于它按字母顺序排列，主要利用了总体主题类别和分层主题细分。西尔斯的标题倾向于自然语言，仅使用四种标题：局部、形式、地理和专有名称。她还倾向于将倒置标题转换为直接录入。简言之，该系统保留了国会图书馆主题词表的结构，但更专注于常用术语和简化的主题词汇。这本书最终被重新命名为《西尔斯主题词列表》(*The Sears List of Subject Headings*)，因为其易访问性和简洁性，时至今日仍广泛使用。目前已更新至 21 版。1933 年，该主题词列表的第三版中，西尔斯增加了一个章节，叫作"对初学者的主题词工作的实用建议"(*Practical Suggestions for the Beginner in Subject Heading Work*)。这些内容最终作为《西尔斯列表原则》(*Principles of the Sears List*) 出版，并成为图书馆学校广泛使用的教学工具。

二、生命不息，工作不止

《西尔斯主题词列表》的出版并没有让西尔斯止步。她随后陆续编辑了《美国图书馆协会中学图书馆标准目录》(*ALA Standard Catalog for High School Libraries*) 和《美国图书馆协会公共图书馆标准目录》(*ALA Standard Catalog for Public Libraries*)。

1927—1931 年，西尔斯一直在哥伦比亚大学图书馆学学院教授编目的相关课程，主持编写供研究生使用的教材。她还一直活跃在美国图书馆协会和纽约图书馆协会，曾任美国图书馆协会编目部主席、纽约地区编目工作团体主席。直到她离世，西尔斯一直是《美国图书馆协会编目条例》修订委员会顾问，可以说她在生命的最后一刻还在为图书馆的编目事业做贡献。1999 年，西尔斯被提名为"美国图书馆学领域最重要的 100 位人物"之一[177]。

无论是时尚界的"老佛爷"还是图书馆界的西尔斯，这些将敬业精神发挥到极致的人们都在自己的专业领域成就了一段令人惊叹的传奇。

第一，保持坚韧和耐心。古语云，世上无难事，只怕有心人。当"流量明星""网红"充斥着社会时，不难理解年轻人的"一夜暴富"的躁动。每个人在最初踏入职场时，都会满怀一腔热血，打算大干一场。但付出有时未必有回报。这时候，也许可以想一想西尔斯，当她辗转在一座又一座图书馆时，所遇到的困难也许并不比当今的年轻人少，但她却多了一份淡定、坚持。正是这份从容的坚守，让她能静下心来，从司空见惯的工作流程中发现问题进而想办法去解决它。

第二，应用成长型思维要求自我。时代在发展，技术在进步，没有永恒不变的职场，更没有不需要成长的员工。看似一张很不起眼的图书馆的主题词卡片，都历经了 21 次迭代，更何况各行各业的其他产品和服务呢？当事业陷入瓶颈时，需要用成长型思维来要求自我。斯坦福大学心理学教授卡罗尔·德威克（Carol Dewick）提出的成长型思维，相信智力是可以靠后天努力而发展的，并鼓励人们积极评估及发展自己的潜能。只有不断自我突破，才能实现产品和服务的迭代，以应对社会的发展、满足人们不断变化的需求。

第三，尝试跨界不失为一种进步。"老佛爷"本职是设计师，但是他出版书籍、爱好摄影，与美妆、食品等行业人士都有过合作。西尔斯本职是公共图书馆的编目人员，但是她有中学、高校等不同类型图书馆的工作经验，还去高校执教、编教材。在当今社会，很多原有的学科间和行业间的壁垒正在消失。身在职场，我们会发现自己工作时间越长，需要学习的新知识就越多。当涉足陌生领域时，我们要敢于踏出脚步，用跨界的方式去发散思维、激发创造力，实现资源的整合。

拥有了如此的敬业精神，在深爱的领域深耕细作，也许下一个传奇就是你。

阿达·阿德勒（Ada Adler）（1878—1946）

一生编纂一本书，慢慢来比较快

2016 年，牛津大学出版社出版了一本纪念女性古典学者的论文集。纪念阿德勒的一章由《苏达辞典》（*Suda*）在线项目的总编辑凯瑟琳·罗思（Catherine Roth）撰写。《苏达辞典》是一部 10 世纪用希腊语编纂的百科全书收编的辞书，阿德勒编辑了其中的 5 卷（1928—1938）。比起有趣的研究，编目工作显得枯燥乏味，但具有不可替代的重要性。伊利诺伊大学厄巴纳-香槟分校古典文学名誉教授，古典学者威廉·考尔德（William Calder），称阿德勒"无可争议地是有史以来最伟大的女语言学家"。在女性还甚少接受教育的年代，她是如何成长为一名学者的呢？

一、5 岁起打下语言基础

1878 年 2 月 18 日，阿德勒出生于丹麦，是伯特尔·大卫·阿德勒和伊丽丝·约翰恩·弗雷恩克尔的女儿。她的家庭具有较高的社会地位。她的姑妈埃伦·阿德勒·波尔是两位物理学家尼尔斯·波尔和哈拉尔德·波尔的母亲。她在 N. 萨勒（N. Zahle）私立学校学习，该校是当地的精英女校，至今仍在运营。1893 年，5 岁的她就开始师从哥伦比亚大学的德拉克曼（Drachmann）教授学习希腊语。1906 年，她进入哥伦比亚大学，继续学习希腊语，并进行比较宗教的研究，撰写了关于古希腊宗教的硕士论文。同年，她获得了历史语言学会颁发的关于潘多拉神话研究（Research on the myth of Pandora）的奖项。二战期间，她和其他丹麦犹太人一起被疏散到瑞典。她在隆德的丹麦学校教希腊语。

二、潜心学术忙钻研

大学毕业后，阿德勒前往维也纳，受雇从事与《保利–维索瓦百科》（Pauly-Wissowa）相关研究的撰稿工作。该书是研究古典学最权威最全面的百科全书。古典学是人文学科的一个重要分支，主要在语言学、文学、哲学、历史学、地理、神话、仪式、艺术以及考古学领域研究古代地中海世界（公元前 3000 年青铜器时代至公元 300—600 年的近古时代），尤其是古典时期的希腊和罗马（公元前 600 年至公元 600 年）。她查资料、泡图书馆，研究越来越细致、深入。在调查《苏达辞典》的信息来源时，她有了一个发现：丹麦皇家图书馆中首席馆员丹尼尔·戈蒂尔夫·摩登豪威尔（Daniel Gotthilf Moldenhawer）制作的未编目的手稿集。该手稿给阿德勒的博士论文带来启发。丹尼尔·戈蒂尔夫·摩登豪威尔是德国—丹麦语言学家、神学家、图书管理员、藏书家、古代文学家，外交官和《圣经》翻译家。1916 年，在他的指导下，阿德勒在丹麦皇家图书馆出版了《希腊手稿目录》[178]。

三、厚积薄发编百科全书

1912 年，在希腊语老师德拉克曼的鼓励下，阿德勒开始编纂《苏达辞典》[179]。这是一个跨文化、跨地域、跨时空的宏大工程。她招募了一支优秀的编纂团队，精雕细琢。没有调查就没有发言权，编纂工作也不能闭门造车。阿德勒等人还奔波于巴黎、威尼斯、罗马、布鲁塞尔、牛津、哥本哈根和佛罗伦萨等地作调查研究。1928 年，第一卷终于问世，此时距离项目开始已经过去了整整 16 年。其他四卷以每两年一卷的速度陆续问世。1938 年，第五卷圆满完成，前后耗时 26 年[180]。

阿德勒每每忆及此事，都会由衷感谢编纂团队的不离不弃，十几年如一日的支持。阿德勒一路静心求索汲取知识的力量，一路殚精竭虑守护文化遗产。这份淡然和坚守，令人心生敬意！

树榜样

千万不要低估了榜样的力量，榜样会给人勇气，催人奋进。就像歌里唱的那样，"长大后我就成了你！"

阿利亚·穆罕默德·贝克（Alia Muhammad Baker）（1952—）

原来你是这样的"偷书贼"

2018年，巴西当地时间9月2日晚7点半左右，巴西国家博物馆遭遇灭顶之灾。6小时内近2000万件珍宝，90%的馆藏化为乌有。作为巴西最古老的科学机构，也是整个美洲首屈一指的综合性博物馆，这次大火损毁的文物可能会导致一些历史记忆从此彻底消失。而在馆藏中，各种文物之间组成的时间记录跨度接近万年。据调查，导致起火的原因是经费短缺，维护费用的缺位直接导致防火系统失灵，已经为大火埋下了隐患。事发后，大火引发了世界范围内的关注和反思，是因为它不仅仅是巴西，而是整个人类文明的巨大损失。在遭遇这样的天灾人祸时，人们是否只能眼睁睁地看着人类文明的遗产消失呢？不是的。一个发生在伊拉克的真实故事，也许给了人们另一种启示。

如果说巴西国家博物馆是不幸的，那么伊拉克巴士拉中心图书馆就是一位幸运儿。2003 年，在遭受战火侵袭的伊拉克，它是如何幸免于难的呢？

2003 年 3 月初，巴士拉（Basrah）成为侵略伊拉克军队的首要攻击城市之一。最终，英军第七装甲旅于 4 月 6 日占领了巴士拉。时局混乱，人们的生活得不到基本保障，处于缺水缺电的状态。很多的公共设施遭受重创。巴士拉中心图书馆也不例外。馆内的地毯、台灯等家具都被损坏或者洗劫。但令人大感神奇的是，到了 2004 年，重建该馆时，馆内 70% 的图书完好无损，近 30000 册图书，包括英语、阿拉伯语、西班牙语版本的《古兰经》、有几百年历史的手抄报、1300 年前写成的《先知穆罕默德传记》（*Biography of Muhammad*）都好端端地回到书架上[181]。可一年前，这里明明发生了一场神秘的大火，难道这座图书馆有什么不同寻常的保护设施？可伊拉克各地的很多图书馆都已毁于战火，甚至连巴格达伊拉克国家图书馆珍藏的图书都被哄抢一空了。那么，是谁，用什么方法，拯救了这些图书呢？

在战事临近时，每晚在巴士拉中心图书馆外，都会出现一个神秘的"身影"，溜进图书馆，偷出珍贵藏书，把书塞进车厢，然后悄悄地运回家。原来是一位"偷书贼"。后来，这位"偷书贼"带来了一帮"同伙"，加快了进度。书被分别运往更多的地方，有些到餐馆，有些到商店，有些到居民家中。这些书被放在碗橱里，塞进米袋里，装进旧冰箱里，甚至堆到了窗户旁边。这一怪异的景象，让撞见的人们都觉得十分费解。大战一触即发要偷要抢的一般也都是些值钱的东西，至少也是能果腹的生存必需品，偷书能有什么用呢？

再后来，随着巴士拉中心图书馆的重建，人们知道了"偷书贼"的真实身份，甚至引起了美国社会的广泛关注。2003 年 7 月，"偷书贼"的故事被美国《纽约时报》报道，并被美国两大出版社哈考特和兰登书屋选中作为选题，分别出版了面向低幼儿童的绘本和面向高年级学生的小说[182]。作品的主人公，是一位 50 岁的伊拉克女士，阿利亚·穆罕默德·贝克（Alia Muhammad Baker），巴士拉中心图书馆的馆长。

在预见到馆藏图书即将被战火吞噬时，她曾向当局反映，要求把藏书转移到安全的地方。遗憾的是她没能得到帮助。接着更让她担忧的事发生了。当地官员搬进了图书馆，这里成为战时临时办公室，这让中心图书馆的境地愈加危险了[183]。

是什么驱使她能在那样危急的情况下，不顾个人安危，将一本本古书、珍藏本，妥当安置好，把它们看得比自己的生命还重要呢？她回忆说，小时候当听到巴格达的尼扎米耶（Nizamiya）图书馆被烧毁时，内心的伤痛和恐惧难以描述。在 13 世纪，侵略者烧毁了这座图书馆，很多书被扔进了河里。据说当时的河水都被墨水染成了蓝色。而这座危在旦夕的巴士拉中心图书馆，是她工作了 14 年的地方。该馆早已经融入当地社区居民的生活中，成为人们社交和寻求帮助的场所。这些书籍，承载着历史和文化的记忆，价值更是无可估量。在她心中，摧毁这些书籍，就是一场屠杀，一场对历史文化传承者的屠杀。身为图书馆馆长的她，怎么能眼睁睁地目睹一场屠杀的发生？没有半点迟疑，贝克启动了一个人的拯救计划，她开始每天将图书运回家中[184]。她与丈夫开着租来的卡车，每日往返于家和图书馆之间。眼见飞机、炮弹掠过头顶，她顾不得图书馆馆藏不得擅自带出馆的规定，加紧动员身边的商户、朋友、邻居、同事加入拯救行动。开始时，只有隔壁餐馆的店主和他的雇员们一起帮助贝克运书。逐渐地，更多的居民加入了。最终，这些书籍得以保存。

把图书看得比自己的生命更重要就是在以生命捍卫和保护人类的文明。希望你我他每个人都能如此珍视文化遗产，希望巴西国家博物馆那样的悲剧不再发生了。

弗吉尼亚·普罗克特·鲍威尔·佛罗伦萨（Virginia Proctor Powell Florence）（1897—1991）

从 0 到 1 的突破，是怎么实现的？

1862 年，时任美国总统林肯发表《解放黑奴宣言》。1865 年，《宪法》第 13 修正案正式通过，美国废除了奴隶制。但是，在当时的时代背景下，非洲裔美国人依然在社会生活的方方面面受到约束和限制。不能接受教育、找不到工作、受人歧视。内心强大的弗吉尼亚·普罗克特·鲍威尔·佛罗伦萨用自己的实际行动，击破了社会对黑人的种种偏见，成为继爱德华·克里斯托夫·威廉姆斯（Edward Christopher Williams）之后美国历史上获得图书馆学学位的第二位非洲裔美国人。她是如何实现突破的呢？

一、不放弃

佛罗伦萨是家中独女。16 岁时，父母双亡，她搬到匹兹堡去与姑姑同住。1919 年，佛罗伦萨在奥伯林学院获得英国语言文学专业学士学位。虽然具备了一定的实践经验，但是佛罗伦萨随即发现找不到老师的工作。她只好到姑姑的美容店里打工，当美容师。但志不在此的她怀着对儿童和书本的一腔热情，决定曲线救国，找不到工作就继续读书。

1922年，佛罗伦萨打算去匹兹堡卡耐基图书馆学院（现为匹兹堡大学信息科学学院）深造。当时的非洲裔美国人很少能够被大学录取，该学院也从未招收过非洲裔学生，而且当时的匹兹堡任何一所图书馆都未曾雇用过一位非洲裔员工。尽管如此，她还是义无反顾地提交了申请。果然，是否录取这个非洲裔学生，在当时学院内引起了很大的争议。校方考虑的是白人学生可能无法接受这位非洲裔馆员，而且即使她能顺利毕业，也很难找到工作。但最终，基于佛罗伦萨之前的教育背景，校方录取了她。入学后，佛罗伦萨没少遭歧视，如她不能直接与白人读者接触，她只能通过让一位白人同事来代为回答读者们的提问等等。历经辛苦，一年后，佛罗伦萨终于顺利毕业，获得图书馆学学士学位。

二、不将就

虽然佛罗伦萨从事图书馆工作的资格已经受到认可，但是在毕业后的最初几年中，她的日子并不好过。她先是在基督教女青年会中的"有色人种女孩工作"办公室担任秘书。听起来很体面，但当秘书并不是她的志向。一年后，一心想成为教师的她果断辞职。拥有英国语言文学学位以及在基督教女青年会积累的与儿童打交道的经验，她认为现在的自己可以胜任教师岗位了。然而，匹兹堡的教育系统却没有给她这个机会，理由也是担心白人学生接受不了由一位非洲裔教师来传授知识。走投无路的佛罗伦萨，只好回到姑姑的美容店，继续当美容师。

为什么自己接受过英国语言文学和图书馆学专业教育，又有与儿童打交道的工作经验和满腔热情，还是找不到工作呢？当一而再，再而三地被社会扇耳光时，佛罗伦萨没有气馁，也没有自我怀疑。秘书也好、美容师也罢，都不是她想要的。在男友的鼓励下，佛罗伦萨再次申请卡耐基图书馆学院深造计划[185]。

三、不松懈

虽然头顶让人敬仰的第二位获得图书馆学学士学位的非洲裔美国人的光环，在当时依然没有让她的求职之路顺畅。课程计划完成后，佛罗伦萨马不停蹄地踏上了茫茫的求职之旅。她用的是我们今天熟悉的海量投递（简称"海投"）的方法。但不同的是，今天的我们只需要坐在计算机前，动动鼠标，全国乃至世界范围内有意向的工作都能一网打尽。"海投"对于当时历史条件下的佛罗伦萨可能意味舟车劳顿和无数次闭门羹。苍天不负有心人，纽约公共图书馆向她伸出了橄榄枝。找到工作就意味着万事大吉了吗？佛罗伦萨知道她只有付出比常人更多的努力，才能得到社会的认可。于是她又创造了一个"第一"——成为第一位参加并通过纽约高级中学图书馆员考试的非洲裔美国人。随后她随丈夫迁居多处，但不变的是，一直活跃在中学图书馆，担任图书馆员[186]。正所谓念念不忘，必有回响。当初她对儿童和图书的热情，在她多年不懈的努力下，终于在中学图书馆员岗位上实现了完美的融合。在成为美国第二位获得图书馆学学位的非洲裔女性的数十年后，佛罗伦萨对图书馆管理的贡献得到了认可[187]。她于 1981 年获得匹兹堡大学颁发的"杰出专业服务特别奖"（Special Award for Outstanding Professional Service），并于 2004 年被追授。此外，美国图书馆协会认可她所做出的贡献，将她列入"我们在 20 世纪最重要的 100 位领导人"名单中，排名第 34 位。

一路走来，也许有太多的艰辛不为外人知道，但她没有止步于个人的成功，并始终对社会公平议题保持着热情。1968 年，她在一次校友聚会上说，"我和我的先生，都是非洲裔，尤其对公民权利和更好的种族关系议题感兴趣。我们与教堂、基督教女青年会、里士满改革运动一起合作，努力实现目标。"

弗朗西丝·E. 亨恩（Frances E. Henne）（1906—1985）

驰骋职场 50 载，没有"996"是怎么成功的？

近年来，国内有企业实行的"996"加班制度在网络上引发热议。何谓"996"？就是指早上 9 点上班，晚上 9 点下班，一周工作 6 天。虽然饱受诟病，也不乏赞同者，有人甚至把"996"与个人的成功、企业的发展画等号，当真是这样吗？几十年前，一位身兼数职、工作强度不输当今企业员工的女士，在"996"还没出现的年代，不仅收获了成功的个人职业生涯，而且推动了行业的发展。她是怎么做到的呢？一起来认识一下弗朗西丝·E. 亨恩。

一、学霸人设

1906 年 10 月 11 日，亨恩出生在美国伊利诺伊州斯普林菲尔德一个普通家庭。1929 年，亨恩在伊利诺伊大学获得了学士学位。1934 年，她获得该校的英文硕士学位。在校期间，她兼职在斯普福尔德的林肯公共图书馆从事图书借阅和参考咨询的工作。当时的馆长慧眼识珠，鼓励亨恩继续学业。于是，亨恩又拿到了哥伦比亚大学的图书馆学学士学位。毕业后，她开始在纽约公共图书馆工作，并获得宝贵的工作经验。随后，她返回中西部，继续攻读博士学位。1949 年，她终于获得博士学位[188]。她的博士研究主要集中在学校图书馆和学校图书馆标准上，在此后的职业生涯，她继续专注于学校图书馆重塑和修订标准。一路走来，她不是在工作就是在读书，始终在自我完善和提升。在没有"996"制度的强制下，她能做到学业和事业的兼顾，更多的应该是源于自身对知识的渴求和自我完善的需要。这种内在的驱动力和自我激励不仅帮助她圆满完成学业，也有助于其职场发展。

二、善教书

1937—1939 年，亨恩在奥尔巴尼的图书馆学校执教。1939 年，她应芝加哥大学图书馆学院院长路易斯·威尔逊（Louis Wilson）邀请到该校任教。作为教师团队中的第一位女性，亨恩的领导力和才干都得到了认可，她被同行称赞为一位在图书馆教育等诸多领域都颇有兴趣和能力的教师。七年后，她从讲师晋升为助理教授，并于 1949 年晋升副教授。1954 年，她加入哥伦比亚大学的图书馆学学院的教师团队，这是她职业生涯中的重要一步，她兢兢业业地工作至 1975 年[189]。虽然期间亨恩也在其他大学执教，但哥伦比亚大学始终是她事业的阵地。从哥伦比亚大学的学生到这里的教师，可以说她践行了那句名言——"今日我以母校为荣，明日母校以我为荣"。

三、领导力超群

除了日常执教，亨恩基于自己的研究兴趣和强大的号召力，向很多有志于图书馆事业发展的人士提供帮助。芝加哥的儿童图书中心就是在她的帮助下建立的。她还参与了颇具特色的《儿童图书评论》的开发，该书后来发展为《儿童图书中心期刊》。在她的号召下，图书馆界很多有识之士团结起来，共同推动了学校图书馆员的职业发展，并成为教育界和图书馆界的一股充满生机的力量。

四、爱钻研探索

活跃于图书馆领域的亨恩，也是美国学校图书馆员协会（AASL）的成员。二战后的美国，人口的增加和战后老兵的教育需求的激增，都对图书馆服务提出了新要求。学校图书馆员委员会敏锐地意识到，应该建立全国性的指南来开展良好的实践，并鼓励全国范围内开展对图书馆业绩的评价考核。学校图书馆作为图书馆体系的一部分，自然也不例外。1945 年，学校图书馆员协会发布了《国家学校图书馆标准》（National School Library Standards）。如何去理解并满足民众的需求，如何实现有效的评价等问题都激发了亨恩的兴趣，她全身心地投入到对这些问题的探索中。结果亨恩失望地发现，小学的图书馆中缺乏好的实践，而且小学图书馆缺乏必要的资源和重视。亨恩对学校图书馆标准的建立以及此类图书馆员权益的维护，可谓不遗余力。1945 年，在她担任美国图书馆协会学校图书馆标准委员会委员时，负责为该委员会起草《学校图书馆功能与标准的今日和明日》（School Librarians for Today and Tommorrow：Functions and Stndards）。1947 年，亨恩成为美国学校图书馆员协会的主席，同年，她主持召开了芝加哥大学图书馆研究院"年轻人、交流和图书馆"主题会议，该会议的论文集于 1949 年由美国图书馆协会发表，成为图书馆开展面向年轻人服务的标准性文件。1951 年，为了引导学校图书馆执行 1945 年发布的《国家学校图书馆标准》，亨恩与人合著了《高中图书馆项目的计划指南》，由美国图书馆协会发布。这份计划指南中提出的诸多理论，至今仍然具有很高的实践价值。1969 年，该标准开始修订。当时修订组 28 名成员代表着各自组织的利益和观点，要把这些修订意见进行汇总整合，需要具备超群的智慧和魄力。最终在亨恩的统筹下，标准完成修订，再次发表[190]。

1960 年，美国图书馆协会发布了由亨恩撰写的《学校图书馆项目标准》（Standards for School Library Programs）[191]。据说，在去芝加哥的火车上，亨恩随身携带了大量的笔记。到了旅店，她请随行的秘书把自己反锁在客房。经过这样孜孜不倦的钻研，项目标准终于问世，并成为美国学校图书馆发展史上具有里程碑意义的一件大事。虽然标准的制定倾注了亨恩大量的心血，但她并没有止步于此，而是清楚地意识到将标准进行广泛推广、传播和应用，才是真正实现其价值。1969 年，她担任美国学校图书馆员协会与全国教育协会所组成的视听资料教学联合委员会主席时，负责起草《学校媒体计划标准》（Standards for School Media Programs）。

亨恩是美国图书馆界公认的建立学校图书馆完善标准的领导人。在儿童图书馆方面，她主张儿童图书馆学应成为一门专门学科。美国图书馆协会、美国学校图书馆员协会以及国际图书馆荣誉学会都曾给她颁过奖。1999 年，《美国图书馆》杂志（American Libraries）将她评为"20 世纪我们拥有的 100 位最重要的领导者"之一，以表彰她对学校图书馆和儿童图书馆的贡献。1986 年，美国图书馆协会学校图书馆员委员会设立"弗朗西丝·E. 亨恩奖"（AASL Frances Henne），以奖励有五年或不足五年经验的优秀的学校图书馆员。

无论是当老师，还是在行业组织，破旧立新设立标准，她都全力以赴，可以说为图书馆事业的发展奉献了一生。令人钦佩的是，即便身兼数职，获得了行业内外的认可和盛誉，她也没有迷失自我，始终坚守在教学的第一线，没有忘记自己作为教师的本分。据说，在亨恩指导下完成学业的博士生，数量庞大，学生素质也都令人印象深刻。从亨恩的身上，人们看到的是对学业和事业孜孜不倦的追求和热爱、对学生和图书馆员高度负责任的态度。反观当下，谈罢"996"的是非对错之后，我们不妨进一步探讨如何真正激发持续不断的内驱力。

佐娅·霍恩（Zoia Horn）（1918—2014）

想做"智识分子"，来看她是怎样捍卫"智识自由"的

2016年，美国科罗拉多大学物理系研究员万维刚的著作《智识分子，做个复杂的现代人》问世。这本杂文集对生活中的许多观念进行了深度的理性分析，并强调"知道过犹不及，时刻为寻找最优值进行调整，才是理性态度"。要做智识分子，首先要了解智识自由。何谓智识自由？目前图书馆界和社会上都没有统一的定论。国际图联对其的表述是，"智识自由是每个人享有的自由表达意见、寻求与接收信息的权利。"美国图书馆协会智识自由办公室将其定义为，"智识自由是指每个人享有的不受限制地寻求与接收包含各种观点的信息的权利。它规定了思想所有表述的自由利用，从而可以探究某个问题、原因或运动的任何或所有方面。智识自由包括持有、接收和传递思想的自由。"《世界人权宣言》的第19条款中也有关于智识自由的表述，"人人有权享有持有主张和发表意见的自由；此项权利包括持有主张而不受干涉的自由，和通过任何媒介和不论国界寻求、接受和传递信息和思想的自由。"

1918年，佐娅·霍恩出生在乌克兰敖德萨，是犹太小店主的女

儿[192]。她随全家迁居到美国后，进入布鲁克林学院和普拉特学院的图书馆研究院学习。1942年，她开始在图书馆工作。

一、有立场有态度有行动

1964年，她获得俄勒冈大学的人文奖学金进行深造。期间，她积极参与图书馆员的组织和相关会议。1965年，她开始在加利福尼亚大学洛杉矶分校的图书馆工作，并且参与到反对越南战争的守夜抗议活动。她总是穿戴整齐地去参加这些活动，用考究的鞋子和手套展现得体的女图书馆员的面貌，目的就是表明反对战争的是寻常大众，而非暴徒。她参与反对越南战争的活动也不是作秀，不是三分钟热度，而是持续倾注了心力。1968年，她在宾夕法尼亚的巴克内尔大学图书馆负责参考咨询部工作，依然密切关注此类活动，并积极参与其中[193]。

二、入狱也不退缩的勇气和担当

20世纪六七十年代，美国爆发大规模的反战运动。1971年1月，美国联邦调查局找到了霍恩，寻求与菲利浦·贝里根（Philip Berrigan）有关的证据。贝里根是一名罗马天主教神父和反战活动家，因焚烧越战文件草稿而在附近的联邦监狱服刑，并被指控与其他6人图谋炸毁华盛顿特区的地下暖气管道，并策划绑架理查德·尼克松总统的国家安全顾问亨利·基辛格。

曾在巴尔内尔（Bucknell）图书馆工作的博伊德·道格拉斯（Boyd Douglas）转递了包括反战细节在内的信件，这些信件来自一些反战活动家。霍恩和另一名巴克内尔图书馆工作人员被传唤出庭做证，但霍恩拒绝在审判中做证，理由是她的强迫证词将威胁到智识自由。据报道，霍恩被当局以蔑视法庭罪羁押，她入狱当晚，大约有20人在监狱外抗议，要求释放她和菲利浦·贝里根神父。霍恩被判入狱近三周，拒绝为控方做证，她表示："因为我尊重这个法庭保护个人权利的职能，所以我必须拒绝做证……我太爱和尊重这个国家了，见不得一出有关它所代表的原则的闹剧。对我来说，原则仍然存在：思想自由——但是政府在公民家中、图书馆和大学里进行间谍活动抑制和破坏了这种自由。它主张结社自由——然而在这种情况下，朋友聚会、野餐、聚会都被赋予了险恶的含义。它主张言论自由，但一般性的讨论被政府解释为阴谋的拥护者。我在这里遇到的不现实掩盖了越南公开杀人的现实……"霍恩认为，她不是一个拒绝做证的革命者，自己只是"反对暴力"，不相信枪支[194]。

三、在组织和社会发挥影响力

入狱风波后，霍恩依然公开反对政府试图对越南战争的反对者进行威慑、使其沉默的行径时，她所隶属的美国图书馆协会执行委员会却没有公开表态支持她。在霍恩历经数小时的盘问后，委员会终于决定改变立场，公开赞扬了霍恩捍卫智识自由的所作所为。最终，霍恩得到了美国图书馆协会社会责任圆桌会议、勒罗伊-梅里特人道主义基金（Leroy Merritt Humanitarian Fund）以及阅读基金会（Freedom to Read Foundation）的支持。朱迪思·克鲁格（Judith Krug），美国图书馆协会智识自由办公室的长期负责人，称赞霍恩为"第一位因职业价值而入狱的图书馆员"。

谈起智识自由，霍恩认为"自由地思考、交流、讨论……是智识自由的基本元素"。当小城市的一位图书馆员因为提供了"有害"的材料而被指控，并被城市委员会解雇时；当某位同性恋图书馆员因为在图书馆举办了有关同性恋的展示活动，并反对《美国爱国者法案》而遭到攻击时，她都挺身而出，积极为他们发声[195]。

《美国爱国者法案》中涉及图书馆的部分，允许联邦调查局（FBI）通过来自秘密法庭的许可，调取与恐怖主义或者间谍活动相关的调查中涉及的任何人在图书馆或者书店的记录。霍恩在84岁接受采访，谈起联邦调查局对图书馆的监控时，认为"依据这条法律，它（FBI）不需要出示任何证据来证明可能会发现危害公共安全的行为或者调查的目标与某犯罪有关。"她呼吁图书馆员们共同抵制《美国爱国者法案》，因为它违背了图书馆员的职业道德，破坏了维系图书馆的公众基础。

加利福尼亚图书馆协会以霍恩名字命名了"佐娅·霍恩智识自由奖"（Zoia Horn Intellectual Freedom Award）[196]。该奖项每年颁发一次，表彰当地的个人、团体和组织为加利福尼亚的智识自由做出的杰出贡献。1995年，霍恩出版了回忆录——《霍恩回忆录，民众知情权的战斗》（Memoirs of Zoia Horn, Battler for People's Right to Know）。

2014年，霍恩以96岁高龄仙逝。她捍卫智识自由的精神和努力将得到传承，以她名字命名的奖项将激励更多的有识之士持续奋斗。

萨拉·科姆利·诺里斯·博格尔（Sarah Comly Norris Bogle）（1870—1932）

懂管理，善筹款，这位校长不简单

在美国图书馆协会树立的诸多基金中，有一支名为博格尔-普拉特国际图书馆旅游基金（Bogle Preatt International Travel Fund）[197]。该基金是由博格尔纪念基金会和普拉特信息与图书馆学学院赞助。获得者从美国图书馆协会的个人会员中产生,并将获得 1000 美元的奖金,以资助他们出席国际会议。国际会议定义为由国际组织主办的会议或在美国以外的国家举行的会议。该奖项是为了表彰和纪念萨拉·科姆利·诺里斯·博格尔为国际图书馆服务做出的杰出贡献。一位普通的图书馆员究竟做出了什么贡献得以推动国际图书馆服务的呢?

一、爱学习爱工作

1870 年,博格尔出生于宾夕法尼亚州[198]。她父亲是一位药剂师、化学工程师。当时,学校只收男生。小博格尔从 8 岁开始接受家庭教师的辅导。14—16 岁,她接受了两年的私立教育。随后,在芝加哥大学学习了一年,还曾短暂地当过教师。最终,她将图书馆员作为职业选择,在费城的德雷塞尔研究院(Drexel Institute)学习图书馆员的课程。博格尔入学时已经 32 岁了,身边的女同学们都年轻且有志向,博格尔不甘落后,把几乎所有的时间都用到了学习上。一年后,顺利毕业的她如愿成为一名图书馆员。能力超强的博格尔在工作中更是如鱼得水,工作三年,就帮助一家学院筹资建成了图书馆馆舍。

二、临危受命潜力发挥

但博格尔并不满足于在一所学院的图书馆工作。1908 年,她跳槽到了隶属于匹兹堡图书馆系统的东自由分馆(East Liberty Branch),开始接触公共图书馆的项目。随后,她受到了匹兹堡的卡耐基公共图书馆馆长哈里森·W. 克雷夫(Harrison W. Crave)的邀请,成为卡耐基公共图书馆一名负责人,分管 11 名馆员及其他员工。当时该馆是第一批设立儿童馆的公共图书馆之一。儿童馆在弗兰西斯·詹金斯·奥尔科特

（Francis Jenkins Alcott）的领导下，已经成为美国全国同类图书馆的标杆，对其他图书馆开展儿童服务，尤其是面向城市儿童的服务有着极大指导作用。可是，奥尔科特即将离任，对儿童图书馆员培训和向儿童提供服务的需求却与日俱增。馆长大胆地任用了毫无儿童图书馆员工作经验的博格尔。当时，儿童馆聚集了不少儿童服务领域响当当的人物，如埃尔夫·L. 鲍威尔（Elf L. Powell）等。博格尔凭借出色的组织能力和领导力使得员工各司其职，各项工作进展顺利。她高效的管理使得青少年读物的流通量增加了，面向儿童的活动内容更丰富了，儿童图书馆员培训也得到来自学校图书馆的支持和合作。她逐步开展整个儿童图书馆以及与儿童部门相关的培训学校的工作，并为专业领域建立了必修科目和选修课程的核心课程。

三、持续精进不断突破

1911 年，她成为儿童图书馆员培训学校的校长。1917 年，当儿童图书馆员培训这块业务开始从公共图书馆独立出来时，她选择继续承担培训业务工作。当充分熟悉培训工作后，她又着手建立一套完整的核心课程体系，包括必修科目和各个专门领域的选修课。她也亲身参与到授课环节，担任管理学相关课程的讲师。她积极地面对当时全国范围内图书馆领域专业化的趋势，并敏锐地意识到这需要更长学制和更高的入学条件。1919 年，培训学校与卡耐基技术学院联合推出了四年制的大学课程。1920 年，学校又与匹兹堡大学展开了合作。公共图书馆儿童图书馆员的教育从最初的馆内业务培训发展成一项得到行业和社会认可的正规大学教育课程。这虽然是社会发展和各界通力合作的结果，博格尔在其中为之付出的心血也不可忽视。

四、心有多大舞台就有多大

1920 年，博格尔离开服务了大半辈子的培训机构，成为美国图书馆协会的助理秘书。舞台变了，她心心念念的仍然是图书馆员的专业化发展。通过与同事们的通力合作，她在巴黎建立了一所培训学校，专门培养未来的图书馆员。她担任儿童图书馆员培训学校校长的经验在巴黎的工作中得以应用，也把图书馆员专业化培训的事业推向了国际舞台。同事们曾回忆说，博格尔很擅长与人打交道，能通过与各种基金会的负责人交流，筹得资金，获得帮助[199]。

巧妇难为无米之炊，正因为她出色的筹款能力，美国图书馆协会在巴黎的培训项目进展顺利。她将美国的图书馆员培训的课程带到法国，教材内容包括编目、参考咨询、管理等内容。巴黎有丰富的藏书、深厚的历史，她希望法国的图书馆员们通过科学、系统的培训，让法国的图书馆培训事业如同美国一样，也为世界范围内更多的图书馆和图书馆员提供帮助。

除了放眼国际，博格尔还很关注美国南部的少数族裔图书馆员群体的发展。在她的帮助下，南部各州的图书馆也开展了面向非洲裔美国图书馆员的培训项目。

纵观她的职业生涯，博格尔始终关注图书馆员的专业化成长。当谈起图书馆员的工作也在不断演进和发展时，她承认，"自从组织起来并成为职业以来，通过对职业教育的持续研究所获得的知识，很难看出或推断出图书馆培训的未来趋势。"但是，她同时也强调不可忽视图书馆员培训中核心课程的重要性，这些课程是基础性的、必需的。1924 年，图书馆员教育委员会建立了一套由美国图书馆协会签署通过的最低标准。只有符合了一定的组织、管理、人员、设备和资金等方面的条件的项目，才是通过认证的学校图书馆项目[200]。

正是博格尔的努力，美国的图书馆学校用一套课程体系代替了过去单纯的零星、松散的教学。她认为，"高度的专业化意味着图书馆员需要合适的培训、明晰的职业标准、可持续的热情。"专业化的发展需要科学有效的方法论加以规范和引导，不仅适用于图书馆员，也同样给在各行各业奋斗的人们以启示。

从普通馆员到培训机构校长再到行业组织的项目负责人，在这些跨度很大的职场角色转变中，博格尔凭借超强执行力、领导和管理能力出色地完成了任务。这些除了专业技术之外的职场专业素养，是职场打拼的你我也需修炼的"秘籍"。

玛丽·所罗门·卡特勒·费尔查德（Mary Salom Cutler Fairchild）（1855—1921）

霸道总裁般的职场女士是一种怎样的存在？

2013 年，一本女性励志题材的畅销书《向前一步》（Lean In）风靡全球。作者雪莉·桑德伯格（Sheryl Sandberg）曾任克林顿政府财政部长办公厅主任、谷歌全球在线销售和运营部门副总裁，曾任脸书（Facebook）首席运营官，曾登上《时代周刊》杂志封面，上榜福布斯的前 50 名"最有权势"的商业女精英榜单，并被《时代》杂志评为全球最具影响力的人物之一。这种让人耳目一新的"霸道女总裁"似乎总是活跃在商业领域，其实不然。在百年前的美国，图书馆行业也活跃着这样一位响当当的人物——玛丽·卡特勒·费尔查德（Mary Cutler Fairchild）。通过了解她胜似"霸道女总裁"的奋斗故事，相信读者也会有所感触。

1855 年，玛丽·卡特勒·费尔查德出生在美国马萨诸塞州道尔顿。1875 年从曼荷莲女子学院大学毕业后，她留校任教直至 1878 年[201]。1884 年是她职业生涯的转折点。著名图书馆学家麦尔维尔·杜威（Melvil Dewey）邀请她担任哥伦比亚大学图书馆的编目员。

一、专业技能过硬

所谓"三百六十行，行行出状元"。想成为一个领域的佼佼者，自然先要有傲人的业绩。1884 年，费尔查德开始在哥伦比亚大学执教，教授编目学。当聘用她的麦尔维尔·杜威（Melvil Dewey）决定创建纽约州图书馆学校时，她毅然决然地追随杜威前往奥尔巴尼。除了教学工作，她于 1899 年率先在纽约州图书馆推出面向盲人的服务，并担任馆员，后成为盲人服务部的负责人。

二、从技术到管理岗位的无缝链接

当费尔查德在纽约州图书馆学校执教期间，杜威与政府当局产生了一些摩擦，于 1889 年辞去了学校的职务。费尔查德临危受命，成为该校的副校长。1889—1905 年，她是学校的主要管理者，除了完成自己的本职教学工作，她还要兼顾学校的管理工作。据说，她看起来甜美轻快，但其实是外柔内刚的个性。费尔查德甚至在某些决策问题上，敢于挑战杜威。抛开工作内容中的孰对孰错不谈，她做到了在对自己有"知遇之恩"的杜威面前，仍然能够坚持自己的看法和见解，而不是盲目的掺杂私人感情或者向权威低头。这种一丝不苟、求真务实的精神在当下尤显得弥足珍贵。

费尔查德一直活跃在美国图书馆协会。她 1891 年担任协会执行主席，随后分别于 1894—1895 年、1900—1901 年担任该协会的副主席。当时她最重要的贡献就是代表美国图书馆协会参加了万国博览会。她主持了一个委员会，筹建了一所馆藏量达到 5000 册的参展图书馆，并完成了图书的编目工作。

三、关注职场女性

费尔查德的职场之路似乎比同时代的其他女士走得顺畅些，但她并没有沾沾自喜，而是时刻关注着职场女性的发展，依靠自己的专业技能来发现问题，为女性发声，倡导女性领导力。

1892 年，费尔查德发表了《女性图书馆员的薪水》（*Salaries of Female Librarians*）一文，探讨性别不平等的问题。文章数据翔实，论证充分，将女馆员的薪水偏低的原因归结为以下几点：

第一，主要来自政治领域的影响，能否得到市政府或州政府的持续支持并受当局的任期的影响；

第二，社会大众对图书馆工作认知有偏差，认为图书馆员的工作体面、轻松，不需要智力投入；

第三，很多图书馆的董事会对图书馆没有一个现代化的概念；

第四，不少图书馆董事会则利用了女性自愿以低薪换取工作的意愿[202]。

费尔查德通过科学翔实、公正、客观的介绍现代图书馆员的工作职责，以试图阐述这项工作的价值和意义，指出当时女性在就业市场面临的不公正的对待，试图去寻求更多的理解和切实可行的改善措施。

1904 年，费尔查德受美国图书馆协会的委托，开展调研，撰写了一份统计报告《美国图书馆里的女性》（*Women in American Libraries*）。

该报告后被发表在 1904 年 12 月出版的《美国图书馆》杂志上。报告中，她通过比较美国图书馆协会的三次会议的相关数据来凸显女性和女性领导力在图书馆领域的重要作用。"1876 年，该协会的第一次会议中，出席的 103 位会员中，只有 12 位女性。1902 年会议中，出席了 1018 位会员，其中 736 位是女性。"与此同时，玛丽也敏锐地指出，女性参与图书馆事业的人数比实际出席协会会议的人数多，但是女性的广泛参与多停留在执行层面，很少能有女性在管理层任职。她对提升女性领导力的努力跃然纸上。

传统意义上的"霸道女总裁"似乎是雷厉风行、果敢坚定的形象，费尔查德的身上还体现出坚忍和睿智。她在危急关头果断地挑起教学与管理两份重担；在分析图书馆女性的待遇问题时也是通过摆事实、讲道理的方式来处理。专业技能过硬，又有清醒的头脑和冷静的个性加持，她能成功不言而喻。

玛利亚·路易莎·蒙蒂罗·库尼亚（Maria Luisa Monteiro da Cunha）（1908—1980）

玛利亚·特里萨·查韦斯·坎普曼斯（Maria Teresa Chavzy Campomanes）（1890—1981）

约瑟法·伊米莉亚·萨伯（Josefa Emilia Sabor）（1916—2012）

乔伊斯·莉莉丝·罗宾逊（Joyce Lilieth Robinson）（1925—2013）

费利西娅·艾德托恩·奥根谢（Felicia Adetowun Ogunsheye）（1926—）

三人行必有我师，铭记你我身边的老师

在领略了各国各地的杰出女性图书馆员的风采后，不难发现光环多集中于美国等传统发达欧美国家。相较之下，还有几位女士虽然着墨不多，同样值得书写和铭记。她们可能是先锋，也可能制定了行业标准，她们有创新，也可能有多项技能的加持。她们似乎很难归入上述某类别，但也有值得我们学习和尊重的闪光点。除了图书馆员，她们还有一个共同的身份——教师。让我们一起来了解一下，这些图书馆人是如何在教育行业耕耘和奉献的。

第一位是来自巴西的玛利亚·路易莎·蒙蒂罗·库尼亚[203]。她是一位活跃在巴西和国际图书馆界的编目专家，同时也是一位教师。1908年，库尼亚生于巴西圣保罗。1928年获得了牙科医学硕士学位。随后，

她到圣保罗一所图书馆学学院进修。1940 年，获得图书馆学硕士学位，先在圣保罗市立图书馆工作，然后担任圣保罗中央图书馆大学的主任。1946—1947 年她获得了美国图书馆协会的一笔奖学金，前往哥伦比亚大学图书馆学学院进修。1965 年，她作为巴西图书馆技术服务委员会专门委员会的成员，主持筹建一个包括新闻、戏剧、电影、电视、图书馆、文献工作及宣传等专业的学院，并在该学院执教，讲授有关图书馆事业及编目的课程。在此期间，她与国际图书馆协会和机构联合会合作，负责国际编目原则和国际标准书目描述规则的修订。1973 年，第七届巴西文献工作和图书馆工作大会授予她金质奖章。库尼亚的主要作品有：《巴西和葡萄牙人姓名的处理》(Treatment of Brazilian and Portuguese Names)、《专业培训》(Formación Profesional) 以及《世界书目控制》(Controle bibliográfico universal)[204]。

第二位是来自墨西哥的图书馆教育家，玛利亚·特里萨·查韦斯·坎普曼斯。1890 年，她出生在墨西哥的普艾布拉。查韦斯曾就读于墨西哥城图书馆学学院，后赴美国深造，毕业于普拉特学院。接着，查韦斯继续接受教育，终于在底特律、密西根和哥伦比亚大学获得图书馆学博士学位。她曾在纽约公共图书馆和华盛顿国会图书馆工作。1953 年，在撰写了关于后来成为墨西哥国立大学经典著作的论文后，她获得了文学博士学位，并在哲学家何塞·伐斯孔斯洛 (José Vasconcelos) 的领导下成为富兰克林图书馆和墨西哥图书馆馆长。为了帮助她的学生，查韦斯创建了作为编目参考指南的《编目员与分类词手册》[205]。她被任命为教育部秘书处的名誉教师，被称为墨西哥最受尊敬和最有影响力的女性之一。

查韦斯最突出的贡献是发展墨西哥图书馆教育、改进教学方法以及致力于把图书馆作为课题教育的延伸。她是国立教育秘书处档案和国家图书馆学学院的教学骨干，墨西哥的绝大多数图书馆员都是她的学生，从她的教学及分类和编目学方面的著作中受益[206]。

第三位是来自阿根廷的图书馆工作者、教育家，约瑟法·伊米莉亚·萨伯。1916年，她出生于西班牙维拉纽瓦德阿罗萨，后加入阿根廷国籍，曾在美国多所大学学习、研究图书馆技术的教学法。1938年，她在布宜诺斯艾利斯大学执教，同时也是图书馆的助理馆员[207]。随后，她的教师和馆员事业齐头并进，成为教授和图书馆馆长。她甚至将教育事业延伸到国外。1943—1946年，萨伯任布宜诺斯艾利斯大学图书馆学学院目录学研究室主任和图书馆馆长；1955—1969年，担任布宜诺斯艾利斯大学哲学与文学院图书馆学学院院长；从1963年起，还兼任目录学、参考咨询和文献工作的教学。1965—1969年，她当选为联合国教科文组织国际图书馆协会委员会委员和美洲国家组织麦德林美洲图书馆学院的客座教授。1977年，她任教于墨西哥瓜那加托大学图书馆学院。除了执教外，萨伯的著作颇丰：《情报资源手册》(Manual de fuentes de información)，共出版三个版本（1957年、1967年和1978年）。1995年，她出版了最有成就的著作《佩德罗安吉利斯和阿根廷文学的起源：生物书目文章》(Pedro de Angelis y los orígenes de la bibliografía argentina: ensayo bio-bibliográfico)。

第四位是来自牙买加的图书馆工作者，乔伊斯·莉莉斯·罗宾逊。1925年，出生在牙买加的圣詹姆斯，先后在牙买加和英国求学。1949年加入牙买加图书馆服务处(Jamaica Library Service, JLS)，担任图书馆助理。她在英国图书馆协会完成了图书馆学课程，并于1954年晋升为该服务处副主任，两年后成为主任。由此，她也成为第一位担任此职位的牙买加人。罗宾逊在任职期间，牙买加公共图书馆数量从 60 座增加到 442 座，学校图书馆的数量从 333 座增加到 853 座，合格的图书馆员从 1 位增加到 37 位。1973 年，她成为国家图书馆馆长。应总理迈克尔·曼利的要求，拟订了为期两年的《全国扫盲计划》（National Literacy Programme，NLP）。在她的领导下，12000 名志愿教师、2000 名志愿委员会成员和 850 名全国扫盲计划的工作人员参与其中，114000 名成年学生掌握了阅读、写作和计算的能力。罗宾逊还是牙买加图书馆协会的创始人之一，并担任主席。其间，她撰写了大量关于牙买加图书馆工作的论文和小册子，在国际图书馆专业杂志上发表，并积极参与各种国际图书馆专业活动。罗宾逊还担任国际成人教育理事会（International Council for Adult Education）副主席若干年。她于 1991 年从工作岗位上退休，但继续担任扫盲和成人教育顾问多年。1979 年和 1990 年达尔豪西大学（Dalhousie University）和西印度群岛大学（University of the West Indies）授予她荣誉博士学位，以表彰她在促进牙买加社会发展和改革方面的重要贡献[208]。

第五位是来自尼日利亚的图书馆学家、教育家，费利西娅·艾德托恩·奥根谢。1926 年，她出生在尼日利亚贝宁市。奥根谢先在皇后学院接受中学教育，之后于 1946 年成为亚巴理工学院（Yaba College of Technology）唯一的女学生[209]。随后分别于 1952 年和 1956 年进入英国剑桥大学纽纳姆学院（Newnham College），并获得了文学学士学位和硕士学位。1962 年，奥根谢从美国马萨诸塞州西蒙斯学院（Simmons College）毕业，并获得了图书馆学硕士学位。奥根谢建立了伊巴丹大学阿巴迪纳媒体资源中心图书馆（Abadina Media Resource Centre Library of the University of Ibada)[210]。从事图书馆工作之余，她还给尼日利亚新成立的图书馆学学院讲课。她长期坚持，不断精进，从讲师晋升至教授。在书目及文献工作方面，她著述颇丰。奥根谢在大学成立了儿童图书馆，为大学中低收入、低文化水平的工作人员修建了卫星居住点，还为儿童提供图书馆服务和相关的研究条件[211]，与此同时，奥根谢还在联合国教科文组织、国际图联、国际学校图书馆管理协会以及国际文献协会担任顾问。

通过摘选这五位杰出女性的职业生涯中的点滴片段，我们能了解她们在教育和图书馆行业的身体力行。感动之余，我们也可以思考：榜样亦凡人。向榜样看齐，如何从我做起，从现在做起。

参考文献

1. 凤凰网文化《成为：米歇尔·奥巴马自传》：美国前第一夫人自传中文版[EB/OL]. (2018-12-21)[2023-1-24]http://culture.ifeng.com/c/7iovsgaPbwe

2. 华山.苏维埃图书馆事业的先驱——克鲁普斯卡娅[J].国家图书馆学刊,1987(4):63-64.

3. 何善祥.克鲁普斯卡娅的图书馆学思想[J].中国图书馆学报,1991(2):49-52.

4. 赵立云,刘文建.世界名人与读书[M].长春:吉林人民出版社,2009.

5. 名人读书方法：爱因斯坦,克鲁普斯卡娅,杰克·伦敦[EB/OL].(2010-02-08)[2019-05-06].http://blog.sina.com.cn/s/blog_4c1b56d10100h56f.html.

6. 丘东江.图书馆学情报学大辞典[M].北京:海洋出版社,2013.

7. Cheryl K. Chumley."It's official：Hillary Clinton was the best first lady"[EB/OL].(2014-05-09)[2023-1-24].https://www.washingtontimes.com/news/2014/may/9/most-admired-first-ladies-barbara-bush-tied-hillar/

8. Laura Welch Bush.[EB/OL].[2023-1-24]https://obamawhitehouse.archives.gov/1600/first-ladies/laurabush

9. Laura Welch Bush.[EB/OL].[2023-1-24]https://www.whitehouse.gov/about-the-white-house/first-families/laura-welch-bush/

10. "Texas Governor George W. Bush：An Inventory of First Lady Laura Bush's Files（Part I

at the Texas State Archives, about 1994–1999, bulk 1995–1999". [EB/OL]. [2023-1-24]. https://web.archive.org/web/20081011163228/http://www.lib.utexas.edu/taro/tslac/80001/tsl-80001.html

11. "Laura Bush Announces Foundation and Festival.(wife of President George Bush)." [J]. American Libraries (Chicago, Ill.) 32, no. 8 (2001): 16

12. "Laura Bush Announces Foundation and Festival.(wife of President George Bush)." [J]. American Libraries (Chicago, Ill.) 32, no. 8 (2001): 16

13. Laura Bush: Librarian and Teacher.[EB/OL].[2023-1-24] https://georgewbush-whitehouse.archives.gov/firstlady/initiatives/librarianandteacher.html

14. 伊利诺伊大学香槟厄本那校区图书馆.放眼全球,行诸全球.[EB/OL].[2023-1-24] https://www.library.illinois.edu/China/chinese/

15. "Mrs. Laura Bush Speaks at the National Press Club". whitehouse.gov. [EB/OL].(2001-11-08) [2023-1-24]. https://web.archive.org/web/20110514161913/http://georgewbush-whitehouse.archives.gov/news/releases/2001/11/20011108-7.html

16. Laura Bush [EB/OL].(2019-05-12) [2019-05-06]. https://en.wikipedia.org/wiki/Laura_Bush

17. Ruge, Mari Holmboe. "Martha Larsen Jahn" [EB/OL].[2023-1-24] https://nbl.snl.no/Martha_Larsen_Jahn

18. Martha Larsen Jahn [EB/OL].(2018-04-13) [2019-05-06]. https://en.wikipedia.org/wiki/Martha_Larsen_Jahn.

19. Gunnar Jahn–Oslo, Norway–Statues of Historic Figures on Waymarking.com [EB/OL]. [2019-05-06]. http://www.waymarking.com/waymarks/WMFXM7_Gunnar_Jahn_Oslo_Norway.

20. Martha Larsen Jahn [EB/OL].[2019-05-06]. https://nbl.snl.no/Martha_Larsen_Jahn.

21. Steenstrup, Bjørn, ed. (1948). "Jahn, Martha".[M].Hvem er hvem? (in Norwegian). Oslo: Aschehoug. p. 261. ISBN 978-82-03-23561-0

22. Charles Ammi Cutter,Library Journal,[J/OL], R. R. Bowker Company:61(1921)[2019-

05－06］. https://books. google. com/books？ id＝vktVAAAAYAAJ&pg＝PA61&lpg＝PA61&dq＝martha＋larsen＋jahn％2Bnorway&source＝bl&ots＝OvqhLTRMEm&sig＝ACfU3U2PWqP48－63xUEv－1OrI4w5qWASGw&hl＝zh－CN&sa＝X&ved＝2ahUKEwjGofS－2fzhAhX_IDQIHfq6Cjc4ChDoATAOegQIBBAB＃v＝onepage&q＝martha％20larsen％20jahn&f＝false

23. Winkelman, John Herman. "Mary Elizabeth Wood (1861-1931): American missionary-librarian to modern China."［J］. Journal of Library & Information Science (Taipei, Taiwan) 8 (1982): 62-76. Library Lit & Inf Science Retro.

24. 武汉大学信息管理学院图书分馆.［EB/OL］.［2023-1-24］.http://csir.whu.edu.cn/xueshuziyuan/tushuziliao/

25. 图书分馆, 武汉大学［EB/OL］.［2023-1-24］.https://sim.whu.edu.cn/info/1037/1504.htm

26. Liao, Jing. "Chinese-American Alliances: American Professionalization and the Rise of the Modern Chinese Library System in the 1920s and 1930s."［J］.Library & Information History 25.1 (2009): 20-32. Library, Information Science & Technology Abstracts with Full Text. EBSCO.

27. "Mary Elizabeth Wood." Dictionary of American Biography Base Set. American Council of Learned Societies, 1928-1936. Reproduced in Biography Resource Center. Farmington Hills, Mich.: Gale, 2010

28. Sturgeon, Roy L. "Preserving the past, preparing for the future: Modern Chinese libraries and librarianship, 1898-2000s."［J］. World Libraries 14.1 (2004): 6. Library, Information Science & Technology Abstracts with Full Text. EBSCO.

29. Mary Elizabeth Wood.［EB/OL］.［2023-1-24］.https://en.wikipedia.org/wiki/Mary_Elizabeth_Wood

30. Carla Hayden, from Wikipedia,［EB/OL］,(2019-03-06)［2019-05-06］. https://en.wikipedia.org/wiki/Carla_Hayden

31. Ethan Chiel, 5 things to know about Carla Hayden, a first black, female Librarian of Con-

gress,[EB/OL].(2018-10-01)[2016-07-13]. https://splinternews.com/5-things-to-know - about - carla - hayden - americas - first - bla - 1793855010? utm _ medium = sharefromsite&utm_source=splinter_copy&utm_campaign=top

32. The HistoryMakers Ⓒ Video Oral History Interview with Carla Hayden, July 16, 2010. The HistoryMakers Ⓒ African American Video Oral History Collection, 1900 S. Michigan Avenue, Chicago, Illinois.[EB/OL].[2023-1-24]. https://www.thehistorymakers.org/sites/default/files/A2010_082_EAD.pdf

33. Woods, Baynard. "Carla Hayden: new librarian of Congress makes history, with an eye on the future".[N].The Guardian.(2016-09-15).

34. Suzanne Raga, 9 Behind-the-Scenes Secrets of Librarian of Congress Carla Hayden,[EB/OL],(2018-10-10)[2017-09-29]. http://mentalfloss.com/article/503219/9-behind-scenes-secrets-librarian-congress-carla-hayden

35. 郑永田,莫振轩.美国读者隐私权运动及其启示[J].图书馆建设,2008(09):92-96.

36. 2015年巴尔的摩暴[EB/OL].[2018-10-01]. https://zh.wikipedia.org/wiki/2015%E5%B9%B4%E5%B7%B4%E7%88%BE%E7%9A%84%E6%91%A9%E6%9A%B4%E5%8B%95

37. Schmidt, Samantha. "Introducing Daliyah, the 4-year-old girl who has read more than 1,000 books".[N].The Washington Post.(2017-01-12)

38. Brooke Palmieri, Sadie P. Delaney: Our Lady of Bibliotherapy,[EB/OL].(2016-03-21)[2018-09-13]. https://jhiblog.org/2016/03/21/sadie-p-delaney-our-lady-of-bibliotherapy/

39. Stephanie J. Shaw, What a Woman Ought to Be and to Do: Black Professional Women Workers during the Jim Crow Era,[M/OL].University of Chicago Press:153-155 (2010-01-15)[2018-10-13]. https://books.google.co.jp/books? id = aLJkpO _ CiUgC&pg = PA209&lpg = PA309&dq = Sadie + Peterson + Delaney&source = bl&ots = X2yv2m8Cu4&sig = ACfU3U3Ste68AxJj - AxWpn8KIr5FVelpHA&hl = zh - CN&sa = X&ved = 2ahUKEwj3sY - cy5fiAhWtF6YKHRWfA3o4ChDoATAIegQICBAB#v = onepage&q = Sadie% 20Peterson%

20Delaney&f=false

40. Michele T. Fenton, Little Known Black Librarian Facts 4th Edition, [M/OL].little Known Black Librarian Facts, Inc. Indianapolis, Indiana. (2010-01-15) [2018-10-13]. https://docs.google.com/file/d/0B_w Dz Fef YDjd Tkp5QUVDTXlULTg/edit

41. Virginia Lacy Jones, from Wikipedia, [EB/OL], (2019-02-10) [2019-05-06]. https://en.wikipedia.org/wiki/Virginia_Lacy_Jones

42. Virginia Lacy Jones, from Wikipedia, [EB/OL], (2019-02-10) [2019-05-06]. https://en.wikipedia.org/wiki/Virginia_Lacy_Jones

43. Jones, Virginia Lacy (1970). "A Dean's Career". In Josey, Elonnie J. (ed.). [M]. The Black Librarian in America. Metuchen, New Jersey: The Scarecrow Press, Inc. pp. 19-42. ISBN 9780810803626. OCLC 1067330843.

44. Caynon, William; Du Mont, Rosemary Ruhig (1990). "Jones, Virginia Lacy (1912-1984)". In Wiegand, Wayne A. (ed.). [M]. Supplement to the Dictionary of American Library Biography. Englewood, Colo.: Libraries Unlimited. pp. 42-46. ISBN 9780872875869. OCLC 311463658-via Google Books.

45. 人民日报.屠呦呦领取2015年诺贝尔生理学或医学奖. [EB/OL]. [2023-1-24]. https://news.pku.edu.cn/mtbdnew/284-292037.htm

46. About Maria Mitchell, Maria Mitchell Association. [EB/OL]. [2023-1-24] https://www.mariamitchell.org/about-maria-mitchell

47. Shearer, Benjamin F. Shearer, Barbara Smith. (1997). [M]. Notable women in the physical sciences : a biographical dictionary. Greenwood Press. OCLC 644247606.

48. Among The Stars: The Life of Maria Mitchell. Mill Hill Press, Nantucket, MA. 2007

49. Renée L. Bergland (2008). [M].Maria Mitchell and the Sexing of Science: An Astronomer Among the American Romantics. Beacon Press. p. 29. ISBN 978-0807021422.

50. Tappan, Eva March,Mitchell, On the Comet of October 1, 1847, [M].Heroes of Progress: Stories of Successful Americans, Houghton Mifflin Company, 1921. Cf.pp.54-60. AJS, 2nd Ser., v. 5, 1848, p.83.

51. Maria Mitchell, from Wikipedia, [EB/OL], (2019-05-09) [2019-05-10]. https://en.wikipedia.org/wiki/Maria_Mitchell

52. Abir-Am, Pnina G. (1947-)., Red. Outram, Dorinda, Red. Rossiter, Margaret W., Przedm. (2009). [M]. Uneasy careers and intimate lives: women in science, 1789-1979. Rutgers University Press. ISBN 978-0813512563.

53. "Book of Members, 1780-2010: Chapter M" (PDF). American Academy of Arts and Sciences. [EB/OL]. [2023-1-24]. http://www.amacad.org/publications/BookofMembers/ChapterM.pdf

54. Hoffleit, Dorrit (2001). "The Maria Mitchell Observatory—For Astronomical Research and Public Enlightenment". [J]. The Journal of the American Association of Variable Star Observers. 30 (1): 62. Bibcode:2001JAVSO..30...62H.

55. 王春晓.北大学子弑母案一审宣判,吴谢宇被判死刑,曾称不想母亲痛苦. [EB/OL]. [2023-1-24]. https://baijiahao.baidu.com/s?id=1709126036940345913&wfr=spider&for=pc

56. 宁宁.封面新闻.中国巨富之女被曝花650万美元上斯坦福大学 入学申请伪造为帆船运动员. [EB/OL]. [2023-1-24]. https://baijiahao.baidu.com/s?id=1632399187729039468&wfr=spider&for=pc

57. 马悦."三位一体"报名创新高浙江"素质高考"缘何受青睐, [EB/OL]. (2019-04-23) [2018-09-13]. https://baijiahao.baidu.com/s?id=1631559607590646194&wfr=spider&for=pc

58. Grotzinger, L. A. (1966). [M]. The power and the dignity; librarianship and Katharine Sharp. New York,: Scarecrow Press.p. 15-25.

59. Grotzinger, L. A. (1966). [M]. The power and the dignity; librarianship and Katharine Sharp. New York,: Scarecrow Press.p. 15-25.

60. Grotzinger, Laurel A. (May 1978). "Women Who Spoke for Themselves" (PDF). [J]. College & Research Libraries. 39 (3): 175-190. doi:10.5860/crl_39_03_175

61. Katharine Sharp, from Wikipedia, [EB/OL], (2019-03-06) [2019-05-06]. https://en.

wikipedia.org/wiki/Katharine_Sharp

62. Utley, G. B. (1935). Katharine Lucinda Sharp. (pp. 24-25) In Dictionary of American Biography Base Set (pp. 24-25). American Council of Learned Societies, 1928-1936. Reproduced in Biography Resource Center. Farmington Hills, Mich.: Gale, 2009.

63. Sharp, K. L. (1901, October 18). Our State Library School. Address to Illinois Federation of Women's Clubs, Decatur, IL. (6 pp.).

64. Kniffel, L., Sullivan, P. and E. McCormick (1999, December). 100 of the most important leaders we had in the 20th century.[J]. American Libraries, 30(11)38-47.

65. Fletcher, Brian H. (Brian Hinton); State Library of New South Wales (2007),[M]. Magnificent obsession : the story of the Mitchell Library, Sydney, Allen & Unwin in association with State Library of New South Wales, ISBN 978-1-74175-291-5

66. Ida Emily Leeson, from Wikipedia,[EB/OL].(2019-01-12)[2019-05-06]. https://en.wikipedia.org/wiki/Ida_Leeson

67. Baiba Berzins, Leeson, Ida Emily, [EB/OL].[2019-05-06]. http://adb.anu.edu.au/biography/leeson-ida-emily-7157

68. Berzins, Baiba. Leeson, Ida Emily (1885-1964). Australian Dictionary of Biography. National Centre of Biography, Australian National University. "Leeson, Ida Emily (1885-1964)". Australian Women's Archives Project Web Site. [EB/OL]. [2023-1-24] https://webarchive. nla. gov. au/awa/20040323130000/http://pandora. nla. gov. au/pan/40956/20040324-0000/www.womenaustralia.info/biogs/IMP0126b.htm

69. Fidgeon, Anna. "Ida Leeson". Women of Library History.[EB/OL].[2023-1-24] https://womenoflibraryhistory.tumblr.com/post/48768683517/ida-leeson

70. Clara Stanton Jones, from Wikipedia,[EB/OL].(2019-05-05)[2019-05-06]. https://en.wikipedia.org/wiki/Clara_Stanton_Jones

71. Information, Sheryl James, University of Michigan School of. "Trailblazing librarian, U-M alumna Clara Stanton Jones elected to Michigan Women's Hall of Fame, Diversity, Equity & Inclusion, University of Michigan". [EB/OL].[2023-1-24] https://diversity.umich.edu/

news-features/news/trailblazing-librarian-u-m-alumna-clara-stanton-jones-elected-to-michigan-womens-hall-of-fame/

72. Laitner, Bill (October 3, 2012). "Clara Stanton Jones: First woman, first African American to lead Detroit library" [EB/OL]. (2012-10-03) [2023-1-24] https://web.archive.org/web/20150407185418/http://www. freep. com/article/20121003/NEWS01/310030047/Clara-Stanton-Jones-First-woman-first-African-American-to-lead-Detroit-library? odyssey=mod%7Cnewswell%7Ctext%7CFRONTPAGE%7Cp

73. "Clara Stanton Jones interviewed by Marva DeLoach," [M]. Women of Color in Librarianship, pp.29- 57. ed. by Kathleen McCook, Chicago: American Library Association Editions, 1998.ISBN:9780838979938

74. Mabel Johnston Niemeyer (1971). "ASKEW, Sarah Byrd". [M]. Notable American Women, A Biographical Dictionary: 1607-1950. Harvard University Press. pp. 61-62. ISBN 9780674627345

75. Susan B. Roumfort (1997). "Sarah Byrd Askew, 1877-1942". In Joan N. Burstyn (ed.). [M]. Pastand Promise: Lives of New Jersey Women. Syracuse University Press. pp. 103-104. ISBN 9780815604181.

76. Scott, Anne Firor (1986). "Women and Libraries". [J]. The Journal of Library History. Universityof Texas Press. 21 (2): 400-405. JSTOR 25541703

77. Sarah Byrd Askew, from Wikipedia, [EB/OL], (2018-05-06) [2019-05-06]. https://en.wikipedia.org/wiki/Sarah_Byrd_Askew

78. Caroline Hewins, from Wikipedia, [EB/OL], (2019-04-23) [2019-05-06]. https://en.wikipedia.org/wiki/Caroline_Hewins

79. "Biography of Caroline M. Hewins" (PDF). Aubri Drake's MLS Portfolio.[EB/OL].[2023-1-24] http://aubridrake. weebly. com/uploads/5/7/0/7/5707900/ils _ 503 _ -_ biography.pdf.

80. "Caroline Maria Hewins". Connecticut Women's Hall of Fame.[EB/OL].[2023-1-24] https://www.cwhf.org/inductees/caroline-maria-hewins

81. Aller, Susan. "The Public Library Movement: Caroline Hewins Makes Room for Young Readers". [EB/OL]. [2023-1-24] http://connecticuthistory.org/the-public-library-movement-caroline-hewins-makes-room-for-young-readers/

82. Farrow, Anne. "Cap and Gown for an Innovator". Hartford Public Library - Hartford HistoryCenter. [EB/OL]. [2023-1-24] http://hhc.hplct.org/cap-and-gown-for-an-innovator/

83. Charlemae Hill Rollins. Notable black american women. Gale Research. [EB/OL]. [2023-01-25] http://catalog.hathitrust.org/api/volumes/oclc/38560411.html.

84. Schomburg Center for Research in Black Culture, Jean Blackwell Hutson Research and Reference Division, The New York Public Library. (1967). [M/OL]. [2023-1-24] We Build Together: A Reader's Guide to Negro Life and Literature for Elementary and High School. Retrieved from https://digitalcollections.nypl.org/items/7f9eeaf0-ec86-0134-ee46-096986f5ac8f

85. Miller, M. L. 1. (2003). [M]. Pioneers and leaders in library services to youth: A biographical dictionary. Westport, Conn.: Libraries Unlimited.

86. Charlemae Hill Rollins, from Wikipedia, [EB/OL], (2018-08-27) [2019-05-06]. https://en.wikipedia.org/wiki/Charlemae_Hill_Rollins

87. Mildred L. Batchelder, from Wikipedia, [EB/OL], (2018-12-16) [2019-05-06]. https://en.wikipedia.org/wiki/Mildred_L._Batchelder

88. Davis, Donald G. (2003). [M]. Dictionary of American library biography, Vol. 3. Westport, Conn: Libraries Unlimited.

89. Tarbox, R. (1993). Batchelder, 'Mildred Leona', [M]. World encyclopedia of library and information services (3rd ed.). Chicago: American Library Association.

90. Mildred L. Batchelder Award, ALSC. [EB/OL]. [2023-1-24] https://www.ala.org/alsc/awardsgrants/bookmedia/batchelder

91. About the Edwards Award. [EB/OL]. [2023-1-24]. https://www.ala.org/yalsa/edwards-award

92. Margaret A. Edwards, from Wikipedia, [EB/OL], (2018-12-31) [2019-05-06].

https://en.wikipedia.org/wiki/Margaret_A._Edwards

93. Lapides, L. F. (2002) Margaret Alexander Edwards, 1902-1988. [J]. Journal of Youth Services in Libraries, 15 (summer), 40-48.

94. Edwards, M. A. (1994). [M]. The Fair Garden and the Swarm of Beasts (p. 17). Chicago: American Library Association.

95. Hedwig Anuar Children's Book Award. [EB/OL]. [2023-1-24]. https://www.bookcouncil.sg/awards/other-children-s-book-awards/hedwig-anuar-children-s-book-award-haba

96. Hedwig Anuar, from National Library Board, [EB/OL], [2019-05-07]. https://www.esplanade.com/tributesg/administrators/hedwig-anuar

97. Hedwig Anuar, from Singapore Council of Womens Organizations, [EB/OL], [2019-05-07]. https://www.swhf.sg/profiles/hedwig-anuar/

98. Hedwig Anuar, from woman of the year, [EB/OL], [2019-05-07]. https://womanoftheyear.herworld.com/1993-hedwig-anuar

99. 小麦，什么决定了儿童阅读能力差距？全球最大童书出版社10年调研揭秘！[EB/OL], (2018-11-07) [2019-05-06]. http://www.sohu.com/a/273789555_498185

100. Virginia Haviland, from Wikipedia, [EB/OL], (2019-04-15) [2019-05-06]. https://en.wikipedia.org/wiki/Virginia_Haviland

101. 《海蒂》,互动百科[EB/OL], [2019-05-06]. http://www.baike.com/wiki/%E3%80%8A%E6%B5%B7%E8%92%82%E3%80%8B

102. Davis, Donald G., Jr (ed). [M]. Dictionary of American Library Biography, Second Supplement 2003

103. Susan Ware, Notable Ameirian Women: A Biographical Dictionary Completing the Twentieth Century Wikipedia, [M/OL], Harvard University Press: 279-295 (2004) [2019-05-06]. https://books.google.com/books?id=WSaMu4F06AQC&pg=PA278&lpg=PA278&dq=Virginia+Haviland%2Binterview&source=bl&ots=UJ57ccEjYv&sig=ACfU3U3LIfhO43GvGqkRhy-Mi2dKhnKr9A&hl=zh-CN&sa=X&ved=2ahUKEwih3qu-

1obiAhULIDQIHT61Dm04ChDoATACegQICRAB#v = onepage&q = Virginia%20Haviland%2Binterview&f = false

104. Joseph D. Whitaker, Librarian, Author, Virginia Haviland[EB/OL],(1988-01-08)[2019-05-06]. https://www.washingtonpost.com/archive/local/1988/01/08/librarian-author-virginia-haviland-dies/0c8354ed-24cb-466d-8338-24d2d40d7ae3/? noredirect = on&utm_term = .00fc52aaea4b

105. Smith, Karen Patricia. "Initiative and influence: the contributions of Virginia Haviland to children's services, research, and writing."[J]. Library Trends, vol. 44, no. 4, spring 1996, pp. 736+. Gale Academic OneFile, link.gale.com/apps/doc/A18316255/AONE? u = anon~3a442322&sid = googleScholar&xid = 258eb4cd. Accessed 28 Jan. 2023.

106. Lillian H. Smith, from Wikipedia,[EB/OL],(2019-05-08)[2019-05-06]. https://en.wikipedia.org/wiki/Lillian_H._Smith

107. Fasick, Adele M. (2003). "Smith, Lillian H. (1887-1983)". In Miller, Marilyn Lea (ed.).[M]. Pioneers and Leaders in Library Services to Youth: A Biographical Dictionary. Libraries Unlimited. p. 226. ISBN 1591580285.

108. Heras, Theo (1 September 1999). "Lillian's Legacy".[J]. Horn Book Magazine. pp. 630-31.

109. Marilyn Lea Miller, Pioneers and Leaders in Library Services to Youth: A Biographical Dictionary,[M/OL], Libraries Unlimited:93-96(2003)[2019-05-06]. https://books.google.com/books/about/Pioneers_and_Leaders_in_Library_Services.html? id = JMH7RkYRh0gC

110. Lillian H. Smith (1887 - 1983)[EB/OL].[2023-1-24] https://www.torontopubliclibrary.ca/about-the-library/library-history/lillian-h-smith.jsp

111. Anne Carroll Moore, from Wikipedia,[EB/OL],(2018-04-08)[2019-05-06].https://en.wikipedia.org/wiki/Anne_Carroll_Moore

112. Miller, Julia (1988)."Anne Carroll Moore: Our First Supervisor of Work with Children"[EB/OL].[2023-1-24] https://web.archive.org/web/20130112215822/http://kids.

nypl.org/parents/ocs_centennial_acm.cfm

113. Erin Okamoto: School Library Media Specialist: E-Portfolio. University of Hawaii. [EB/OL]. [2023-1-24]. https://web. archive. org/web/20100127095509/http://www2. hawaii.edu/~erino/acm.htm

114. Cummins, J. (1999, July). "Moore than Meets the Eye".[J].School Library Journal, pp. 26-30.

115. Jessamyn West, from Wikipedia, [EB/OL], (2019-03-06) [2019-05-06]. https://en. wikipedia.org/wiki/Jessamyn_West(librarian)

116. Alex Hanson (February 3, 2007). "'Everybody's interesting'". Valley News. [EB/OL]. [2023-1-24] https://web. archive. org/web/20070209090813/http://www. vnews.com/ 02032007/3753907.htm

117. Ethan Zuckerman interviews Jessamyn West. "Why Does a Librarian Own a Social Media Site That's Been Around for Longer Than Facebook? [EB/OL]. [2023-1-24] https:// publicinfrastructure.org/podcast/jessamyn-west-part-1/

118. Adam L. Penenberg (September 15, 2004). "Don't Mess with Librarians". [EB/OL]. [2023-1-24] https://www.wired.com/2004/09/dont-mess-with-librarians/

119. Mary Eileen Ahern, from Wikipedia, [EB/OL], (2019-04-23) [2019-05-06]. https:// en.wikipedia.org/wiki/Mary_Eileen_Ahern

120. Bohdan Wynar, ed. (1978). "Mary Eileen Ahern (1860-1938)". [M].Dictionary of American Library Biography. Littleton, Colorado: Libraries Unlimited. pp. 5-7. ISBN 0-87287-180-0.

121. Denise Rayman, Miss "Public Libraries" Mary Eileen Ahern" [EB/OL].(2014-07-21) [2023-1-24] https://www. library. illinois. edu/ala/2014/07/21/miss-public-libraries-mary-eileen-ahern/

122. Linda C. Gugin; James E. St. Clair, eds. (2015). [M]. Indiana's 200:The People Who Shaped the Hoosier State. Indianapolis: Indiana Historical Society Press. pp. 5-6. ISBN 9780871953872

123. 浮生.韩寒评"摩拜创始人套现"一文获力挺,摩拜胡炜炜回应致谢[EB/OL].IT大家,2018-04-08[2019-05-06]. https://www.ithome.com/html/it/354475.htm.

124. Anne Grodzins Lipow, from Wikipedia,[EB/OL],(2017-12-29)[2019-05-06]. https://en.wikipedia.org/wiki/Anne_Grodzins_Lipow.

125. Roy Tennant. Technology in Libraries:Essays in Honor of Anne Grodzins Lipow[EB/OL].[2019-05-06]. http://techinlibraries.com/

126. Tennant, Roy (2008). Technology in Libraries:Essays in Honor of Anne Grodzins Lipow. p. 10. ISBN 978-0-6152-1212-8.

127. 北京市妇联课题组,创业"她时代":直面新挑战关注新需求,基于北京市女性创业现状与需求调查数据.[EB/OL].(2019-04-30)[2022-10-23].https://www.women.org.cn/art/2019/4/30/art_25_161298.html

128. Ingetraut Dahlberg, from Wikipedia,[EB/OL],(2019-04-07)[2019-05-06]. https://en.wikipedia.org/wiki/Ingetraut_Dahlberg

129. Gerhard Romen, Dr. Ingetraut Dahlberg Oral history information.[EB/OL].(2012-07)[2022-10-23]. http://infoscileaders.libsci.sc.edu/asis/wp-content/uploads/2014/04/Dahlberg-Transcript.pdf

130. Ingetraut Dahlberg PhD (1998) Ingetraut Dahlberg:A Brief Self Report,[J].Cataloging & Classification Quarterly, 25:2-3, 151-155, DOI: 10.1300/J104v25n02_11

131. Ingetraut Dahlberg, from Wikipedia,[EB/OL],(2019-04-07)[2019-05-06]. https://en.wikipedia.org/wiki/Ingetraut_Dahlberg

132. Thomas Hapke (2002-09-25). "Ingetraut Dahlberg". Pioneers of Information Science in Germany.[EB/OL].[2022-10-23].https://www.tuhh.de/b/hapke/ispg/dahlberg.htm

133. Dahlberg, Ingetraut. 2006. Knowledge organization:a new science?[J].knowledge organization33(1). 11-19. 32 refs.

134. Hjørland, Birger and Gnoli, Claudio eds. ISKO Encyclopedia of Knowledge Organization,[EB/OL].[2022-10-23]. https://www.isko.org/cyclo/dahlberg

135. Wolfgang Dahlberg (1997), ISKO (ed.), "Contributions by Ingetraut Dahlberg to the

Field ofKnowledge Organization", [J]. ISKO News, Würzburg: Ergon-Verlag, vol. 27, ISSN 0943-7444

136. Osuna Alarcon, Maria R. (Spring 2009). "Maria Moliner and her contribution to the history of Spain's public libraries"". [J]. Libraries and the Cultural Record. 44 (2).

137. María Moliner, from Wikipedia, [EB/OL], (2019-03-30) [2019-05-06]. https://en.wikipedia.org/wiki/María_Moliner

138. Alarcón, M. R. O. (2009). María Moliner and Her Contribution to the History of Spain's Public Libraries. Libraries & the Cultural Record, 44(2), 220-233. [EB/OL]. [2022-10-23]. http://www.jstor.org/stable/25549549

139. 汪天艾. 一个人的编舟记:"写词典的女人"莫利奈尔, 澎湃新闻. [EB/OL]. (2018-03-30). [2019-05-06]. https://www.thepaper.cn/newsDetail_forward_2041498.

140. María Moliner, from google, [EB/OL], (2019-03-20) [2019-05-06]. https://www.google.com/doodles/maria-moliners-119th-birthday

141. Alice Mary Norton, from Wikipedia, [EB/OL], [2019-05-06]. https://en.wikipedia.org/wiki/Andre_Norton

142. Andre Norton. A Profile by Lin Carter [EB/OL]. [2019-05-07]. http://www.andre-norton-books.com/images/stories/pdf-files/profile.by.lin.carter.1966.pdf.

143. Andre Norton, a primary and secondary bibliography, by Roger C. Schlobin, [M/OL], [2019-05-07]. http://www.andre-norton-books.com/index.php/about-andre/biography/895-introduction-to-andre-norton

144. Reflection of a Grand Master, An interview with Andre Norton, [EB/OL], [2019-05-07]. http://www.andre-norton-books.com/images/stories/pdf-files/reflections.of.a.grandmaster.1985.pdf.

145. Andre Norton: Librarian, Writer, and Fantasy Grande Dame by Kevin Arms, [EB/OL], [2019-05-07]. http://publiclibrariesonline.org/2013/09/andre-norton-librarian-writer-and-fantasy-grande-dame/.

146. Nancy Pearl, from Wikipedia, [EB/OL], (2019-04-08) [2019-05-06]. https://en.

wikipedia.org/wiki/Nancy_Pearl

147. Rebekah Denn, Nancy Pearl trading the quiet confines of the library for a life of leisure. [EB/OL].(2004-08-02)[2022-10-23].https://www.seattlepi.com/ae/books/article/Nancy-Pearl-trading-the-quiet-confines-of-the-1150574.php

148. Librarian Action Figure.[EB/OL].(2004-08-02)[2022-10-23].http://www.mcphee.com/laf/

149. Pearl, Nancy (2003). Book Lust: Recommended Reading for Every Mood, Moment, and Reason. Seattle, WA: Sasquatch Books. pp. x. ISBN 978-1570613814.

150. About Nancy Pearl.[EB/OL].[2022-10-23].https://www.nancypearl.com/about-nancy

151. Beverly Cleary, from Wikipedia,[EB/OL],(2019-04-20)[2019-05-06].https://en.wikipedia.org/wiki/Beverly_Cleary

152. Shepherd-Hayes, Deborah (1996).[M]. A Guide for Using The Mouse and the Motorcycle in the Classroom. Teacher Created Resources. ISBN 978-1-557-34529-5.

153. "100 things you might not know about Beverly Cleary to celebrate her 103rd birthday".[EB/OL].[2022-10-23]https://www.cbc.ca/books/100-things-you-might-not-know-about-beverly-cleary-1.4095050

154. D.E.A.R..[EB/OL].[2022-10-23]http://www.dropeverythingandread.com/

155. About Beverly Cleary.[EB/OL].[2022-10-23].https://www.beverlycleary.com/about

156. Helen MacInnes, from Wikipedia,[EB/OL],(2019-04-01)[2019-05-06].https://en.wikipedia.org/wiki/Helen_MacInnes

157. William L. DeAndrea, "Helen MacInnes",[M].Encyclopedia Mysteriosa, published 1994 by Prentice-Hall.p.221

158. Tom E. Mahl, Espionage's Most Wanted. Washington, D.C.: Potomac Books, Inc., 2003

159. Barnes, Bart (1985-10-02). "OBITUARY".[J].Washington Post. ISSN 0190-8286.

160. 央广新闻.阿里巴巴发布2018年中国人读书报告.[EB/OL].[2022-10-23].https://baijiahao.baidu.com/s? id=1622080432007482282&wfr=spider&for=pc

161. Margaret Mahy, from Wikipedia,[EB/OL].(2019-03-17)[2019-05-06]. https://en.

wikipedia.org/wiki/Margaret_Mahy

162. Living Archive: Celebrating the Carnegie and Greenaway Winners: The Changeover, Carnegie Winner 1984, CILIP, [EB/OL]. [2022-10-23] http://www.carnegiegreenaway.org.uk/livingarchive/title.php?id=74

163. "Undergraduate scholarships at Canterbury". Canterbury.ac.nz.[EB/OL]. [2022-10-23]/http://www.canterbury.ac.nz/scholarships/lists/list_ug.shtml#M

164. "Kaitangata Twitch". Production Shed TV (kaitangatatwitch.co.nz). 2009. [EB/OL]. [2022-10-23] http://www.kaitangatatwitch.co.nz/

165. Story: Mahy, Margaret May. [EB/OL]. [2022-10-23] https://teara.govt.nz/en/biographies/6m3/mahy-margaret-may

166. Marjorie Barnard, from Wikipedia, [EB/OL], (2019-01-26) [2019-05-06]. https://en.wikipedia.org/wiki/Marjorie_Barnard

167. Vickery, Ann and Dever, Maryanne (2007) [M]. Australian Women Writers 1900-1950: An exhibition of material from the Monash University Library, Rare Book Collection, 29 March-3 July 2007

168. Nelson, Elizabeth (2004) 'Marjorie Barnard: writer, historian, reluctant librarian'[J]. NLA News Vol. XIV No. 11

169. Nella Larsen, from Wikipedia, [EB/OL], (2019-04-17) [2019-05-06]. https://en.wikipedia.org/wiki/Nella_Larsen

170. Hutchinson, George (2006), [M]. In Search of Nella Larsen: A Biography of the Color Line, Harvard University Press.

171. Nava Atlas, Nella Larsen, Author of Passing & Quicksand [EB/OL]. (2018-03-15) [2022-10-23]. https://www.literaryladiesguide.com/author-biography/larsen-nella/

172. Nella Larsen. [EB/OL]. [2022-10-23] https://blackhistorynow.com/nella-larsen/

173. 香奈儿总监老佛爷去世,直到最后一刻他还在工作,[EB/OL], (2019-02-19) [2019-05-06]. http://dy.163.com/v2/article/detail/E8DIK23T0511PFTU.html

174. Minnie Earl Sears, from Wikipedia, [EB/OL], (2019-03-06) [2019-05-06]. https://

en.wikipedia.org/wiki/Minnie_Earl_Sears

175. Minnie Earl Sears by Victoria DeCuir on Prezi,[EB/OL],(2015-09-24)[2019-05-06]. https://prezi.com/oqbicmdwu99m/minnie-earl-sears/

176. Mudge, I. G. (1934). Minnie Earl Sears. Wilson Bulletin for Librarians, 8, 288-290.

177. Leonard Kniffel, Peggy Sullivan, Edith McCormick, "100 of the Most Important Leaders We Had in the 20th Century,"[J]. American Libraries 30, no. 11 (December 1999): 43.

178. Roth, Catharine P. (2016). "Ada Sara Adler. 'The greatest woman philologist' of her time". In Wyles & Hall (ed.).[M]. Women classical scholars: unsealing the fountain from the Renaissance to Jacqueline de Romilly'. Oxford: Oxford University Press.

179. Roth, Catharine P. (2016). "Ada Sara Adler. 'The greatest woman philologist' of her time". In Wyles & Hall (ed.). Women classical scholars: unsealing the fountain from the Renaissance to Jacqueline de Romilly'. Oxford: Oxford University Press.

180. Ada Adler, from Wikipedia,[EB/OL],(2018-12-12)[2019-05-06]. https://en.wikipedia.org/wiki/ada-adler/

181. "After the War: The Librarian; Books Spirited to Safety Before Iraq Library Fire".[J]. The New York Times. 27 July 2003.

182. Julie L Baumler, ALIA MUHAMMAD BAKER - CHIEF LIBRARIAN OF AL BASRAH (IRAQ) CENTRAL LIBRARY, CULTURAL HEROINE.[EB/OL].[2022-10-23] http://www.bellaonline.com/articles/art27329.asp

183. Alia Muhammad Baker, from Wikipedia,[EB/OL],(2018-12-12)[2019-05-06]. https://en.wikipedia.org/wiki/Alia_Muhammad_Baker

184. ALIA MUHAMMAD BAKER - CHIEF LIBRARIAN OF AL BASRAH (IRAQ) CENTRAL LIBRARY, CULTURAL HEROINE,[EB/OL],[2019-05-06]. http://www.bellaonline.com/articles/art27329.asp

185. Virginia Proctor Powell Florence, from Wikipedia,[EB/OL],(2018-12-24)[2019-05-06]. https://en.wikipedia.org/wiki/Virginia_Proctor_Powell_Florence

186. Gunn, A. C. (1989). "The struggle of Virginia Proctor Powell Florence: A black woman

wants to be a professional…"[J]. American Libraries, v20(n2), p154-57. Retrieved on 2009-05-24.

187. "Virginia Proctor Powell Florence: A Remarkable Oberlin Alumna Librarian". Library Perspectives, a Newsletter of the Oberlin College Library. 2005. p. 5.[EB/OL].[2022-10-23] https://www2.oberlin.edu/library/friends/perspectives/32.pdf

188. Kester, Diane; Plummer Alston Jones, Jr. (2004). "Frances Henne and the Development of School Library Standards".[J].Library Trends 52 (No. 4): 952-962.

189. Frances E. Henne.[EB/OL].[2022-10-23] https://www.nytimes.com/1985/12/25/nyregion/dr-frances-e-henne.html

190. Frances E. Henne, from Wikipedia,[EB/OL],(2019-03-06)[2019-05-06]. https://en.wikipedia.org/wiki/Frances_E._Henne

191. Loertscher, David (2004). "Extreme Makeover".[J].School Library Journal 50 (11): 56-57.

192. Bryant, Dorothy. "Zoia Horn Takes Pride in Provoking." Berkeley Daily Planet, January 9, 2004.[EB/OL].[2022-10-23] http://www.berkeleydailyplanet.com/issue/2004-01-09/article/18064? headline=Zoia-Horn-Takes-Pride-in-Provoking.

193. Zoia Horn, from Wikipedia,[EB/OL],(2019-04-09)[2019-05-06]. https://en.wikipedia.org/wiki/Zoia_Horn

194. Zoia Horn, librarian jailed for not testifying against protesters by Bob Egelko,[EB/OL],(2014-07-15)[2019-05-07].https://www.sfgate.com/nation/article/Zoia-Horn-1st-U-S-librarian-jailed-over-alleged-5624023.php

195. California Library Hall of Fame.[EB/OL].[2022-10-23] https://www.cla-net.org/page/446/California-Library-Hall-of-Fame-Zoia-Horn.htm

196. "Zoia Horn Intellectual Freedom Award". California Library Association.[EB/OL].[2022-10-23] https://web.archive.org/web/20141031043206/http://www.cla-net.org/?page=118

197. The Borgle Pratt Award.[EB/OL].[2022-10-23] https://www.ala.org/aboutala/offices/

iro/awardsactivities/boglepratthistory

198. Nancy Becker Johnson. "Bogle, Sarah Comly Norris". [EB/OL]. [2022-10-23] http://www.anb.org/articles/09/09-00868.html

199. Sarah Bogle, from Wikipedia, [EB/OL], (2019-03-09) [2019-05-06]. https://en.wikipedia.org/wiki/Sarah_Bogle

200. Witt, Steven (2013). "Merchants of Light: The Paris Library School, Internationalism, and the Globalization of a Profession". [J]. The Library Quarterly: Information, Community, Policy. 83 (2): 131-151. doi:10.1086/669549

201. Britannica, T. Editors of Encyclopaedia (2022, December 16). Mary Salome Cutler Fairchild. Encyclopedia Britannica. [EB/OL]. [2022-10-23] https://www.britannica.com/biography/Mary-Salome-Cutler-Fairchild

202. Mary Cutler Fairchild, from Wikipedia, [EB/OL], (2018-11-09) [2019-05-06]. https://en.wikipedia.org/wiki/Mary_Cutler_Fairchild

203. Dias de Macedo, Neusa; Fujita, Mariângela Spotti Lopez (1992). [EB/OL]. [2023-01-03] https://www.brapci.inf.br/_repositorio/2011/10/pdf_ee8f22e7cb_0019210.pdf

204. World Encyclopedia of Library and Information Services. [S.l.]: American Library Association. 1986. pp. 237-238. ISBN 0-8389-0427-0

205. Joachim, Martin D. (2003). [M]. Historical Aspects of Cataloging and Classification. Psychology Press. ISBN 9780789019813.

206. "Biografía de M Teresa Chávez Campomnes". [EB/OL]. [2023-01-03] https://www.ugr.es/~anamaria/mujeres-doc/biografia_chavez_campomanes.htm

207. Josefa Sabor. [EB/OL]. [2023-01-03] https://es.wikipedia.org/wiki/Josefa_Sabor

208. Dr. Joyce Lilieth Robinson OJ, CD, MBE, FLA, LLD (Hon.) (1925 - 2013). National Library of Jamaica. [EB/OL]. [2023-01-03] https://nlj.gov.jm/project/dr-joyce-lilieth-robinson-oj-cd-mbe-fla-lld-hon-1925-2013/

209. Admin (January 16, 2017). "FIRST WOMEN: First Nigerian Woman To Study At Cambridge University And To Female Professor In Nigeria". [EB/OL]. [2023-01-03]

https://web.archive.org/web/20180319140455/http://woman.ng/2017/01/first-women-first-nigerian-woman-to-study-at-cambridge-univeristy-and-to-female-professor-in-nigeria

210. Wedgeworth, Robert; Mary Ellen Chijioke; Marco R. Della Cava (1993). [M]. World Encyclopediaof Library and Information Services. American Library Association. p. 632. ISBN 9780838906095.

211. 外国图书情报界人物传略[M]侯汉清,等译.太原:山西图书馆学会,1984.